CURANDO SUA CRIANÇA INTERIOR

Charles L. Whitfield

CURANDO SUA CRIANÇA INTERIOR

Como superar as dores emocionais causadas na infância e resgatar a sua verdadeira essência

Tradução
Diego Franco Gonçales

academia

Copyright © Charles L. Whitfield, 1987
Reimpressão do livro original: 1989, 2006
Publicado mediante acordo com a editora original, Health Communications, Inc. c/o Simon & Schuster, Inc.
Copyright © Editora Planeta do Brasil, 2024
Copyright da tradução © Diego Franco Gonçales, 2024
Todos os direitos reservados.
Título original: *Healing the Child Within*

Preparação: Ana Maria Fiorini
Revisão: Valquíria Matiolli e Fernanda Guerriero Antunes
Projeto gráfico e diagramação: Márcia Matos
Capa: Estúdio Daó | Giovani Castelucci e Guilherme Vieira

Dados Internacionais de Catalogação na Publicação (CIP)
Angélica Ilacqua CRB-8/7057

Whitfield, Charles L.
  Curando sua criança interior: como superar as dores emocionais causadas na infância e resgatar a sua verdadeira essência / Charles L. Whitfield; tradução de Diego Franco Gonçales. - São Paulo: Planeta do Brasil, 2024.
  224 p.

Bibliografia
ISBN 978-85-422-2666-9
Título original: Healing the Child Within

1. Psicologia 2. Filhos adultos de famílias disfuncionais – Reabilitação I. Título II. Gonçales, Diego Franco

24-1202   CDD 616.89

Índice para catálogo sistemático:
1. Psicologia

 Ao escolher este livro, você está apoiando o manejo responsável das florestas do mundo

2024
Todos os direitos desta edição reservados à
EDITORA PLANETA DO BRASIL LTDA.
Rua Bela Cintra, 986 – 4º andar
01415-002 – Consolação
São Paulo-SP
www.planetadelivros.com.br
faleconosco@editoraplaneta.com.br

Acreditamos nos livros

Este livro foi composto em Caecilia LT Std e impresso pela Lis Gráfica para a Editora Planeta do Brasil em abril de 2024.

SUMÁRIO

Prefácio, por Cardwell C. Nuckols   9
    Abuso e negligência infantil   10
    Integrando nossa história   11
    Os 12 Passos espirituais do movimento de recuperação   14

Agradecimentos   17

Introdução   21
    Validação   21
    O significado de curar a Criança Interior
    e o movimento ACoA   22
    Paciência e persistência   24

CAPÍTULO 1
Descobrindo nossa Criança Interior   27
    Este livro pode me ajudar?   28

CAPÍTULO 2
Antecedentes do conceito de Criança Interior   37
    Abuso e negligência infantil   37
    Recuperação do alcoolismo   37
    A família e as crianças   38
    Psicoterapia   39
    Doenças   40
    Espiritualidade   40

CAPÍTULO 3
O que é a Criança Interior?   43
    Nossa Criança Interior ou Eu Real   43
    Nosso Falso Eu   47

CAPÍTULO 4
Sufocando a Criança Interior   53
    Algumas necessidades humanas   53
    Os pais não realizados   59

CAPÍTULO 5
Condições parentais que tendem a sufocar a Criança Interior — 61
Alcoolismo e outras dependências químicas — 61
Codependência – a neurose do nosso tempo — 67
Abuso infantil – físico, sexual, mental-emocional e/ou espiritual — 78
Alguns pontos em comum — 79
Negação de sentimentos e da realidade — 81

CAPÍTULO 6
As dinâmicas da vergonha e da baixa autoestima — 85
Culpa — 85
Vergonha — 87
De onde vem nossa vergonha? — 89
Comportamento compulsivo e a compulsão à repetição — 95
Bloqueios para a cura — 97
Regressão de idade — 98
Lidando com a regressão de idade — 99

CAPÍTULO 7
O papel do estresse: o transtorno de estresse pós-traumático — 101
Estressor reconhecível — 101
Revivendo o trauma — 103
Entorpecimento psíquico — 104
Outros sintomas — 104

CAPÍTULO 8
Como podemos curar nossa Criança Interior? — 107
Estágios do processo de recuperação — 107
Encontrando ajuda — 113

CAPÍTULO 9
Começando a lidar com questões centrais — 117
Pensamentos e comportamentos do tipo "tudo ou nada" — 118
Controle — 119
Medo do abandono — 122
Dificuldade em lidar e resolver conflitos — 123
Começando a falar sobre nossos problemas — 125

CAPÍTULO 10
Identificando e vivenciando nossos sentimentos — 129
O espectro dos sentimentos — 130

    Níveis de consciência sobre sentimentos   132
    Transformando nossos sentimentos   137

CAPÍTULO 11
O processo de luto   139
    Perigos do luto não resolvido   139
    Começando o luto   141
    Fases do luto   145

CAPÍTULO 12
A continuação do luto: correndo riscos, compartilhando e contando nossa história   151
    Correr riscos   151
    Contando nossa história   152
    Ficando com raiva   156
    Protegendo nossos pais: um bloqueio para o luto   158

CAPÍTULO 13
Transformando   165
    Deixando de ser uma vítima   170
    Abrir mão, virar a página e o processo de perdão   173
    Sendo assertivo   174
    Uma "Declaração de Direitos" pessoal   176

CAPÍTULO 14
Integrando   179

CAPÍTULO 15
O papel da espiritualidade   187
    Começando a definir a espiritualidade   187
    Visualizando nosso "caminho espiritual"   188
    Amor e amor incondicional   194
    Nosso Eu Observador   195
    Concretizando a serenidade   200

Apêndice
Uma nota sobre métodos de recuperação   207
    Algumas vantagens da terapia de grupo para filhos adultos   208

Referências   211

Índice   219

PREFÁCIO

SINTO-ME HONRADO EM ESCREVER ESTE PREFÁCIO PARA A EDIÇÃO atualizada do clássico *Curando sua Criança Interior*.

Pioneiro na superação de traumas, desde 1995 o Dr. Charles Whitfield é eleito por seus colegas um dos melhores médicos dos Estados Unidos. Sua sabedoria e suas palavras tocaram o coração e a mente de milhões de leitores e transmitiram um bem precioso: a esperança. Ao longo de sua carreira, o Dr. Whitfield generosamente compartilhou uma vida inteira de pesquisa e experiência clínica com outros profissionais e pessoas em recuperação. Mais de 75 autores citaram ou referenciaram este livro, um número notável e uma medida de sua importância em nosso arsenal de habilidades.

Nos vinte anos desde a primeira edição de *Curando sua Criança Interior*, fizemos grandes progressos na compreensão do efeito do trauma na psique humana. Este livro deu uma contribuição significativa para esse entendimento e, como resultado, tornou-se um best-seller. O Dr. Whitfield descreve a "Criança Interior" como "a parte de nós que é viva, enérgica, criativa e realizada". Quando essa parte de nós não é nutrida, surge um falso eu. Para entender e ir além da prisão desse falso eu, o Dr. Whitfield se baseia em três áreas principais: o impacto do abuso e da negligência infantis, a integração advinda de contar nossa história como parte fundamental da superação dos muitos efeitos prejudiciais do abuso e negligência infantis e como o movimento de recuperação dos 12 Passos, de base espiritual, ajuda na cura.

Abuso e negligência infantil

Como é uma vida sem as habilidades para formar e manter relacionamentos próximos e seguros? Sem a capacidade de dedicar cuidados, de sentir remorso, empatia e amor? A formação de relacionamentos emocionais saudáveis está relacionada a partes específicas do cérebro que se desenvolvem durante os primeiros anos de vida. A interrupção significativa do desenvolvimento saudável por traumas repetidos normalmente deixa a criança em um estado descontrolado de "lutar, fugir ou congelar", o que em geral é chamado de transtorno de estresse pós-traumático, que o Dr. Whitfield discute no Capítulo 7. Um desenvolvimento infantil assim angustiado e falho também pode levar à dificuldade em sentir animação ou prazer quando adulto. Neste livro, o Dr. Whitfield reconhece quão comum é o abuso infantil em famílias problemáticas e descreve as muitas formas de trauma. Estudos recentes mostraram, por exemplo, que a negligência e o abuso emocional são tão devastadores para a criança em desenvolvimento quanto o abuso físico ou sexual.

O Dr. Whitfield explica: "Embora o abuso físico grave e o comportamento sexual explícito sejam claramente reconhecíveis como traumáticos para bebês e crianças, outras formas de abuso infantil podem ser mais difíceis de reconhecer como tal. Elas podem incluir abuso físico leve a moderado, abuso sexual encoberto ou menos óbvio, abuso mental e emocional, negligência infantil, e ignorar ou frustrar a espiritualidade ou o crescimento espiritual da criança" (p. 78).

É já no primeiro ano de vida que se forma a capacidade da criança de expressar emoções e exibir níveis de controle sobre sentimentos e comportamentos. É durante esse período crítico do nosso desenvolvimento que aprendemos a nos relacionar conosco e com os outros.

Integrando nossa história

Nossa história pode nos dizer muito sobre nós mesmos. Por que contar nossa história é tão importante? Embora a resposta seja complexa, pesquisadores e médicos estão encontrando as peças do quebra-cabeça. Como claramente explica o Dr. Whitfield: "[...] começamos a enxergar conexões entre como estamos agora e o que nos aconteceu quando éramos pequenos. À medida que compartilhamos nossa história, começamos a nos libertar de ser uma vítima ou um mártir, e da compulsão à repetição" (p. 170).

Pesquisas demonstram que não é tanto o que realmente aconteceu conosco durante a infância que mais importa, mas sim que sentido encontramos ou não encontramos nisso. Em outras palavras, uma história pessoal coerente sugere integração emocional e intelectual. Como diz o Dr. Whitfield: "Contar nossa história é um ato poderoso para descobrir e curar nossa Criança Interior" (p. 152). Esse simples ato faz com que nosso cérebro execute várias tarefas ao mesmo tempo, incluindo a fusão de sentimentos, comportamentos, percepção consciente e sensações. Durante esse processo, entendemos e reformulamos em um todo mais perceptivo e saudável os eventos da vida, os comportamentos e as emoções.

Essa integração ocorre de maneira mais eficaz em locais seguros, como na psicoterapia em grupo ou individual, em reuniões de grupos de autoajuda, registros em diário ou uma conversa sincera com um melhor amigo. Uma das descobertas mais consistentes dos últimos cinquenta anos é que o caráter seguro e qualificado de uma relação terapêutica é o melhor preditor de sucesso para o tratamento. Nesse cenário, a terapia pode ajudar uma pessoa a encontrar significado na sua história de vida em um lugar seguro em que ela pode correr riscos, abandonar algumas defesas doentias contra a dor e ouvir um sussurro de apoio à medida que obtém novas percepções sobre si mesma e seu mundo. Alguns chamam isso de "epifania". A pessoa passa a ficar mais em contato consigo mesma – mais conectada, menos defensiva e mais bem integrada, e tudo isso é crescimento pessoal.

Os budistas descrevem o eu como uma cebola de infinitas camadas. Cada uma é um novo capítulo para explorar e integrar. O Dr. Whitfield explica: "À medida que nos transformamos, começamos a integrar e a aplicar nossa transformação em nossa vida diária. Integrar significa fazer um todo a partir de partes separadas" (p. 179). É importante compreender como a integração se relaciona com o nosso bem-estar. Quanto mais integrado nosso cérebro, mais complexo e saudável ele será, como ilustra esta história:

> Marcus cresceu em um lar de alcoólatras. O pai era um alcoólatra abusivo que batia em Marcus com um cinto de couro. Aos 12 anos, Marcus decidiu que nunca deixaria ninguém o machucar de novo, e a partir desse ponto declarava: "Se baterem em mim, vou partir para cima". Embora tivesse muitos companheiros de bebida, Marcus sempre tinha problemas com figuras masculinas de autoridade, como supervisores, professores, policiais e terapeutas masculinos. Quando questionado, ele disse: "É como se houvesse outra pessoa dentro de mim que assumisse a direção – eu perco o controle". Durante o tratamento, Marcus teve dificuldade em lidar com seus sentimentos e não conseguia encontrar palavras para expressá-los. Ele descreveu sua raiva como um "tudo ou nada – ou não sinto nada ou sinto demais".

Grande parte da linguagem do cérebro é representada por nossos sentimentos, mas Marcus não conseguia nomear os seus ou lidar bem com eles. Chamamos essa dificuldade de problema de integração. Marcus pode usar várias técnicas para se ajudar com isso. Uma delas consiste em ter uma percepção, então entendê-la e responder de maneira oportuna e eficaz – coisa que um programa de recuperação pode facilitar. Em segundo lugar, a meditação pode ajudar a mudar a função cerebral. Por exemplo, a meditação *mindfulness* reabastece a energia mental e emocional e promove novas atitudes e respostas à vida. Neste livro que você tem em mãos, o Dr. Whitfield nos mostra um passo a passo de como alcançar esses tipos de habilidades de recuperação.

Crescendo em um ambiente traumático, uma criança como Marcus desenvolverá um tronco cerebral hiperativo. A maioria dos sistemas de resposta ao estresse reside nessa área, e essa excitação aumentada pode levar a medo, ansiedade, raiva, agressividade e impulsividade. Traumas repetidos na infância também podem provocar dificuldades em sentir empatia e em resolver problemas, e tornar o indivíduo incapaz de abstrair e conceituar. Além disso, pessoas como Marcus podem superestimar o grau de ameaça ou interpretar mal pistas visuais, como expressões faciais, resultando em uma incapacidade de modular a dor emocional. Imagine o que acontecerá quando ele vivenciar uma situação no início da recuperação que o faça lembrar do antigo trauma. Por exemplo, se seu supervisor masculino no trabalho ficar bravo com ele, o cérebro de Marcus aprendeu a entrar em um padrão de "lutar ou fugir", o que leva a outra explosão de raiva.

Curando sua Criança Interior descreve catorze questões básicas de recuperação. Entre elas, está o *controle* ou a falta dele. Para Marcus e muitos outros, esse medo de perder o controle leva a um comportamento autodestrutivo. No passado, figuras masculinas de autoridade disseram a ele que iriam expulsá-lo do tratamento, demiti-lo, colocá-lo na prisão ou puni-lo de outras maneiras. Mas essas reações apenas reforçaram a percepção de Marcus de que, quando ele permitia que essas pessoas se aproximassem, elas o machucavam. Em um ambiente terapêutico, Marcus pode aprender a quebrar esse padrão de fracasso velho e improdutivo. Ele pode começar a aprender a se autorregular e a se acalmar. *Curando sua Criança Interior* aborda com clareza esse processo de mudança.

O foco principal da psicoterapia envolve a integração de sentimentos (afeto) e pensamento (cognição), resultando em crescimento pessoal. Marcus tinha dificuldade em nomear e processar seus sentimentos. Como ele pode promover melhor tal equilíbrio e integração? Por eras, usamos histórias para transmitir muitos tipos de informação, incluindo os aspectos mentais, emocionais e físicos de nossas vidas. Podemos integrar e curar nosso cérebro e corpo desordenados pelo estresse usando uma história que cocriamos com um terapeuta, em grupo ou com um facilitador. Esse tipo de equilíbrio e integração traz uma nova percepção. Marcus provavelmente aprenderá a desapegar da reação raivosa de enfrentamento e sobrevivência que adotou durante a infância e que há muito lhe causa problemas. Aos 12 anos de idade, essa foi a melhor estratégia de sobrevivência que seu cérebro pôde formular. Com a introdução de habilidades de autoconforto, como nomeação, reenquadramento e meditação, seu cérebro pode começar a relaxar em situações que costumavam desencadear agressividade e fúria.

Esse é o tipo de integração sobre a qual o Dr. Whitfield fala neste livro clássico. Tornar-se completo é tornar-se e perceber-se *capaz de estar em paz, compreendendo a nós mesmos e aos outros.*

Os 12 Passos espirituais do movimento de recuperação

Como escreve o Dr. Whitfield: "Talvez em uma de suas definições possivelmente mais breves, a espiritualidade tenha a ver com as *relações* que temos com nós mesmos, com os outros e com o Universo" (p. 187).

Uma pessoa não precisa ser religiosa para ser espiritual. Os benefícios da espiritualidade incluem humildade, força interior, senso de significado e propósito na vida, aceitação de si mesmo e dos outros, harmonia, serenidade, gratidão e perdão.

A relação entre meditação e espiritualidade é bem documentada. Meditação e espiritualidade envolvem sentimentos de libertação em direção a lugares além do espaço e do tempo. A espiritualidade e a cura estão intimamente ligadas. Do ponto de vista do senso comum, a espiritualidade serve como uma força quando usada na recuperação. Nos casos em que alguém diz ser ateu ou agnóstico, as técnicas de meditação podem ser substitutas úteis.

Há muitas maneiras de aumentar a espiritualidade. Aderir ao programa de 12 Passos espirituais e cercar-se de pessoas com essa inclinação pode ser de grande importância para Marcus. Aprender a apreciar os muitos momentos espirituais de sua vida também será importante para ele. Viver uma vida significativa e engajada aumenta o prazer e reduz o isolamento, o vazio e a dor.

O Dr. Whitfield explica: "[...] podemos começar a enxergar que a felicidade não é algo que *alcançamos*. Na verdade, felicidade, paz ou serenidade são o nosso *estado natural*. Por trás de tudo o que *acrescentamos* aos nossos sentimentos e experiências, por trás da nossa autocontração, está a própria Serenidade" (p. 204 e 205).

Em 1986, quando este livro foi publicado pela primeira vez, ele era inovador e estava à frente de seu tempo. Tão relevante hoje quanto era há quase quarenta anos, *Curando sua Criança Interior* continua sendo um livro inovador em psicologia do trauma e recuperação. Dou-lhe as boas-vindas às suas páginas, sabendo que nelas encontrará cura e sabedoria.

Dr. Cardwell C. Nuckols

AGRADECIMENTOS

Agradecimentos especiais às pessoas que leram um esboço inicial deste livro e ofereceram sugestões construtivas: Herb Gravitz, Julie Bowden, Vicki Mermelstein, Rebecca Peres, Jerry Hunt, John Femino, Jeanne Harper, Barbara Ensor, Lucy Robe, John Davis, Doug Hedrick, Mary Jackson, Barry Tuchfeld, Bob Subby e Anne Wilson Schaef.

Agradecimentos, também, pelas autorizações de reprodução concedidas por [trechos publicados em inglês na edição original]:

Portia Nelson, *Autobiography in Five Short Chapters* [Autobiografia em cinco capítulos curtos], ©1980 Portia Nelson, edição The Popular Library Edition.

Portia Nelson, *There's a Hole in my Sidewalk* [Há um buraco em minha calçada], ©1977 Portia Nelson.

Arthur Deikman, citação de seu livro *The Observing Self* [O Eu Observador], ©1972 Arthur Deikman, Beacon Press, Boston.

Alice Miller, citação de seu livro *Thou Shalt Not Be Aware* [Não saberás], ©1984 Alice Miller, Farrar Straus Giroux, Nova York.

Bruce Fischer, ilustração *Cycle of Shame and Compulsive Behavior* [Ciclo da vergonha e comportamento compulsivo], ©1986 Bruce Fischer.

Associação Americana de Psiquiatria, "Severity Rating of Psychosocial stressors" [Classificação da gravidade dos estressores psicossociais] do *DSM-III*, ©1980 Associação Americana de Psiquiatria.

Versão modificada de "Questions for Adult Children of Alcoholics" [Perguntas para filhos adultos de alcoólatras], ©1985 Al-Anon Family Groups, Madison Square Station, Nova York.

Poema "Please Hear What I'm Not Saying" [Por favor, ouça o que não digo], ©1966 Charles C. Finn.

Poema "Afraid of Night" [Medo da Noite], de autor anônimo, com sua permissão.

Timmen Cermak, citações de seu livro *Diagnosing and Treating Co-dependence* [Codependência: diagnóstico e tratamento], ©1986 Timmen Cermak, The Johnson Institute.

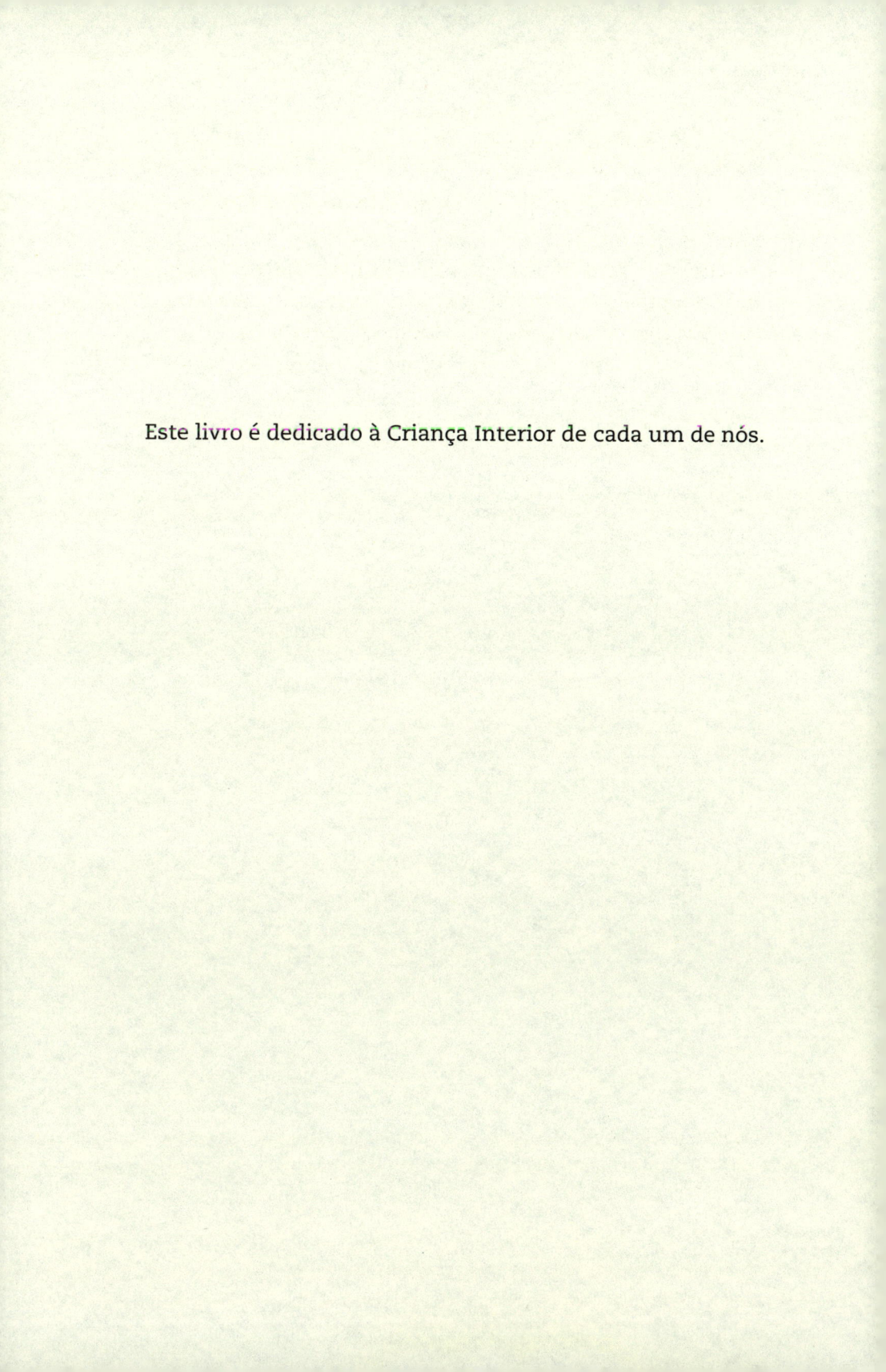

Este livro é dedicado à Criança Interior de cada um de nós.

INTRODUÇÃO

Em 1986, escrevi este livro como uma espécie de auxílio educacional e "biblioterapia" para meus pacientes. Baseei seu conteúdo simples e curativo no que observei durante anos entre meus pacientes, a maioria deles adultos traumatizados quando crianças, e no que eu havia aprendido até então lendo a literatura clínica e científica sobre o assunto. Naquela época, eu não pretendia lançar este livro para o público em geral e não imaginava que venderia mais de 1 milhão de exemplares – ou que seria traduzido para mais de dez idiomas em todo o mundo.

É notável, mas não surpreendente, que quase todo o conteúdo e os princípios originais deste livro tenham se mantido diante das descobertas científicas e clínicas posteriores, agora atuais. Nas últimas décadas, essas descobertas confirmaram os efeitos prejudiciais de crescer em uma família traumática e danosa. De todos esses efeitos dolorosos, o transtorno de estresse pós-traumático (TEPT), que discuto no Capítulo 7, pode ser um dos transtornos mais comuns e incapacitantes que acometem filhos adultos vítimas de trauma.

Validação

Como foi demonstrado por meus dez anos de pesquisa e leitura de mais de 330 estudos científicos conduzidos com mais de 230 mil pessoas em todo o mundo, esse trauma também pode resultar em vários outros efeitos nocivos que se manifestam de outras maneiras, incluindo qualquer um ou mais dos chamados transtornos mentais comuns – da depressão aos vícios, passando pela esquizofrenia –, além de uma série de distúrbios físicos.

Também chamadas de "transtornos relacionados a traumas", essas doenças mostram uma forte ligação com um histórico de traumas repetidos durante a infância. Além disso, contradizendo a tradição psiquiátrica atual, é fraca a evidência de que essas doenças se devem a um distúrbio da química cerebral transmitido geneticamente. De fato, se e quando qualquer anormalidade cerebral for encontrada em estudos de pesquisa sobre elas, provavelmente essas anormalidades serão um *mecanismo* para o distúrbio, sendo a repetição do trauma durante a infância e posteriormente a *causa* de *ambos*, mecanismo e distúrbio.[1]

Desde 1986, aprendemos algumas coisas mais importantes. A maioria das famílias em todo o mundo é disfuncional, pois não apoia as necessidades saudáveis de seus filhos. O resultado é uma interrupção no crescimento e desenvolvimento neurológico e psicológico normal e saudável da criança desde o nascimento até a idade adulta. Para sobreviver, o Eu Real da criança traumatizada (Eu Verdadeiro ou Criança Interior) se esconde nas profundezas da parte inconsciente de sua psique. O que emerge é um falso eu, ou ego, que tenta comandar o show de nossas vidas, mas não consegue porque é simplesmente um mecanismo de defesa contra a dor e não é real. Seus motivos se baseiam mais na necessidade de estar certo e no controle.

O significado de curar a Criança Interior e o movimento ACoA[2]

A abordagem de cura que descrevo neste livro também foi validada pelas inúmeras pessoas que se recuperaram usando

---

1. Whitfield, C. L. *The Truth about Depression: Choices for Healing*. Health Communications, Deerfield Beach, Florida, 2003.

2. A ACoA (em português, Associação de Adultos Filhos de Alcoólatras), fundada na década de 1970, é uma organização para pessoas que querem se recuperar dos efeitos de crescer em uma família com problemas de abuso de álcool ou disfuncionais. No Brasil, um possível equivalente são as associações Al-Anon, para parentes e amigos de alcoólatras. (N.E.)

seus princípios. A seguir, faço um resumo de seis de seus principais pontos.

Despertar, por nós mesmos e nossos terapeutas, de que há mais na recuperação do que simplesmente "não beber" (ou não usar drogas, ou não tentar controlar que outra pessoa as use) e ir às reuniões. Muitos fizeram isso e, embora melhorassem, continuavam angustiados. Muitos transferiram seu vício para comida, dinheiro, sexo, trabalho, relacionamentos prejudiciais ou outro comportamento autodestrutivo e compulsivo. Muitos também descobriram que as drogas psiquiátricas que recebiam não funcionavam bem e tinham efeitos incômodos ou tóxicos.[3]

Descobrir e Identificar nosso Eu Real (Criança Interior) e a nossa espiritualidade. Para muitos, as religiões organizadas convencionais de estilo antigo, frequentemente buscadas por pessoas em recuperação, estão dando lugar a uma espiritualidade mais expansiva, universal, experiencial, que induz vida e crescimento.

Validação de nossa experiência de ter crescido em uma família disfuncional. Muitos de nós crescemos em uma família de alcoólatras e outros crescemos com outros tipos de disfunções.

Permissão para fazer o trabalho de cura e recuperação. Afastando-se do modelo usual de saúde mental no qual se tem algum tipo de transtorno mental ou "psicopatologia", essa abordagem reenquadra nosso sofrimento, afastando-o da antiga ideia de que somos maus, doentes, loucos ou burros e mostrando que tivemos uma reação normal a uma infância anormal.[4]

---

3. Whitfield, C. L. *The Truth about Depression: Choices for Healing*. Health Communications, Deerfield Beach, Florida, 2003; Whitfield, C. L. *The Truth about Mental Illness: Choices for Healing*. Health Communications, Deerfield Beach, Florida, 2004.

4. Whitfield, C. L. *The Truth about Depression: Choices for Healing*. Health Communications, Deerfield Beach, Florida, 2003; Whitfield, C. L. *The Truth about Mental Illness: Choices for Healing*. Health Communications, Deerfield Beach, Florida, 2004.

Estruturar as especificidades do que fazer para alcançar o processo de cura. Descrevo essas especificidades neste livro e com mais detalhes em *A Gift to Myself* [Um presente para mim] e *My Recovery* [Minha recuperação].[5]

Recuperação de nossa confusão, sofrimento e falta de propósito, significado e realização na vida.[6]

* * *

Ao reler este livro para esta atualização, corrigi alguns erros de digitação e alguns termos e frases desatualizados, mas não precisei alterar o texto básico e a mensagem sobre cura. Também inseri uma nova seção de referências e adicionei um índice para torná-lo mais fácil de ler.

Paciência e persistência

A recuperação dos efeitos do trauma e de ter crescido em uma família e um mundo disfuncionais exige paciência e persistência. Somos naturalmente impacientes; queremos chegar ao fim sem demora e pular o árduo trabalho de cura. Uma parte importante da recuperação bem-sucedida é aprender a nomear com precisão o que aconteceu conosco e os componentes de nossa vida interior à medida que eles surgem para nós, incluindo nossos vários sentimentos, e aprender a tolerar a dor emocional sem tentar medicá-la.

---

5. Whitfield, C.L. *My Recovery: A Personal Plan for Healing*. Health Communications, Deerfield Beach, Florida, 2003. Whitfield, C. L. *A Gift to Myself: A Personal Workbook and Guide to the Healing My Child Within*. Health Communications, Deerfield Beach, Florida, 1990.

6. Whitfield, C.L. *My Recovery: A Personal Plan for Healing*. Health Communications, Deerfield Beach, Florida, 2003.

Um dos princípios mais profundos da cura está incorporado na frase "um dia de cada vez". Embora a cura leve muito tempo, ao usar essa advertência, nossa perspectiva pode mudar na hora, tornando a jornada não apenas mais tolerável, mas mais significativa, nos ancorando no momento presente. Quando lamentamos nossa dor profunda e trabalhamos em nossos principais problemas de recuperação, vamos solucionando com paciência nossos conflitos internos não resolvidos. Aos poucos descobrimos que nosso futuro é um destino ainda não determinado. Nossa vida está no presente, que é onde podemos finalmente encontrar a paz.

Dr. Charles L. Whitfield
Atlanta, Geórgia (2006)

CAPÍTULO 1

DESCOBRINDO NOSSA CRIANÇA INTERIOR

O conceito de Criança Interior faz parte da cultura mundial há pelo menos 2 mil anos. Carl Jung a chamou de "Criança Divina", e Emmet Fox, de "Criança Maravilha". Os psicoterapeutas Alice Miller e Donald Winnicott referem-se a ela como o "verdadeiro eu". Muitos no campo do alcoolismo e outras dependências químicas a chamam de "Criança Interior".

A Criança Interior refere-se àquela parte de cada um de nós que é fundamentalmente viva, enérgica, criativa e realizada; é o nosso Eu Real – quem de fato somos.

Com a ajuda inconsciente de nossos pais e uma mãozinha da sociedade, a maioria de nós nega nossa Criança Interior. Quando essa Criança Interior não é nutrida ou tem negada sua liberdade de expressão, emerge um falso eu ou codependente. Começamos a viver nossas vidas a partir de uma postura de vítima e experimentamos dificuldades em resolver traumas emocionais. O acúmulo gradual de assuntos mentais e emocionais inacabados pode levar a ansiedade crônica, medo, confusão, vazio e infelicidade.

A negação da Criança Interior e o subsequente surgimento de um falso eu ou ego negativo são particularmente comuns entre crianças e adultos que cresceram em famílias problemáticas, como aquelas em que doenças crônicas físicas ou mentais, rigidez, frieza ou falta de carinho eram comuns.

No entanto, há uma saída. Existe uma maneira de descobrir e curar nossa Criança Interior e nos libertarmos da escravidão e do sofrimento de depender de um falso eu. É disso que se trata este livro.

Este livro pode me ajudar?

Nem todo mundo foi maltratado ou abusado quando criança. Ninguém realmente sabe quantas pessoas crescem com uma quantidade e qualidade saudáveis de amor, orientação e outros cuidados. Eu estimo possíveis 5 a 20%. Isso significa que de 80 a 95% das pessoas não receberam amor, orientação e outros cuidados necessários para formar relacionamentos consistentemente saudáveis e para se sentirem bem consigo mesmas e com o que fazem (Satir, 1972; Felitti et al., 1998).

Embora não seja fácil determinar se você tende a ser mais ou menos saudável nos relacionamentos consigo mesmo e com os outros, pode ser útil responder a algumas das perguntas a seguir.

Chamo isso de "Pesquisa do Potencial de Recuperação", porque ela reflete não apenas nossas feridas, mas também o potencial que temos para crescer e concretizar uma existência vivaz, aventureira e feliz.

PESQUISA DO POTENCIAL DE RECUPERAÇÃO

Assinale a palavra que mais se aplica a como você se sente de fato.

1) Você busca aprovação e afirmação?

☐	☐	☐	☐	☐
Nunca	Raramente	Ocasionalmente	Frequentemente	Sempre

2) Você deixa de reconhecer suas realizações?

☐	☐	☐	☐	☐
Nunca	Raramente	Ocasionalmente	Frequentemente	Sempre

3) Você tem medo de críticas?

☐ Nunca   ☐ Raramente   ☐ Ocasionalmente   ☐ Frequentemente   ☐ Sempre

4) Você se esforça mais do que deveria?

☐ Nunca   ☐ Raramente   ☐ Ocasionalmente   ☐ Frequentemente   ☐ Sempre

5) Você já teve problemas por causa de comportamentos compulsivos?

☐ Nunca   ☐ Raramente   ☐ Ocasionalmente   ☐ Frequentemente   ☐ Sempre

6) Você é perfeccionista?

☐ Nunca   ☐ Raramente   ☐ Ocasionalmente   ☐ Frequentemente   ☐ Sempre

7) Você fica inquieto mesmo quando sua vida está indo bem? Antecipa problemas a todo momento?

☐ Nunca   ☐ Raramente   ☐ Ocasionalmente   ☐ Frequentemente   ☐ Sempre

8) Você se sente mais vivo em meio a uma crise?

☐ Nunca   ☐ Raramente   ☐ Ocasionalmente   ☐ Frequentemente   ☐ Sempre

9) Você cuida dos outros com facilidade, mas acha difícil cuidar de si mesmo?

☐ Nunca   ☐ Raramente   ☐ Ocasionalmente   ☐ Frequentemente   ☐ Sempre

10) Você se isola das outras pessoas?

☐ Nunca   ☐ Raramente   ☐ Ocasionalmente   ☐ Frequentemente   ☐ Sempre

11) Você responde com ansiedade a figuras de autoridade e pessoas raivosas?

☐ Nunca   ☐ Raramente   ☐ Ocasionalmente   ☐ Frequentemente   ☐ Sempre

12) Você sente que os indivíduos e a sociedade em geral estão se aproveitando de você?

☐ Nunca   ☐ Raramente   ☐ Ocasionalmente   ☐ Frequentemente   ☐ Sempre

13) Você tem problemas com relacionamentos íntimos?

☐ Nunca   ☐ Raramente   ☐ Ocasionalmente   ☐ Frequentemente   ☐ Sempre

14) Você atrai e procura pessoas que tendem a ser compulsivas?

☐ Nunca   ☐ Raramente   ☐ Ocasionalmente   ☐ Frequentemente   ☐ Sempre

15) Você se apega a relacionamentos porque tem medo de ficar sozinho?

☐ Nunca   ☐ Raramente   ☐ Ocasionalmente   ☐ Frequentemente   ☐ Sempre

16) Você costuma desconfiar de seus próprios sentimentos e dos sentimentos expressos pelos outros?

☐ Nunca   ☐ Raramente   ☐ Ocasionalmente   ☐ Frequentemente   ☐ Sempre

17) Você acha difícil expressar suas emoções?

☐ Nunca   ☐ Raramente   ☐ Ocasionalmente   ☐ Frequentemente   ☐ Sempre

Se você respondeu "Ocasionalmente", "Frequentemente" ou "Sempre" a qualquer uma dessas perguntas, pode ser útil continuar lendo. (Perguntas adaptadas de Al-Anon Family Group, 1984, com permissão.)

Outras perguntas a serem consideradas:

18) Você tem medo:

• **de perder o controle?**

☐	☐	☐	☐	☐
Nunca	Raramente	Ocasionalmente	Frequentemente	Sempre

• **de seus sentimentos?**

☐	☐	☐	☐	☐
Nunca	Raramente	Ocasionalmente	Frequentemente	Sempre

• **de conflitos e críticas?**

☐	☐	☐	☐	☐
Nunca	Raramente	Ocasionalmente	Frequentemente	Sempre

• **de ser rejeitado ou abandonado?**

☐	☐	☐	☐	☐
Nunca	Raramente	Ocasionalmente	Frequentemente	Sempre

• **de ser um fracasso?**

☐	☐	☐	☐	☐
Nunca	Raramente	Ocasionalmente	Frequentemente	Sempre

19) É difícil para você relaxar e se divertir?

☐	☐	☐	☐	☐
Nunca	Raramente	Ocasionalmente	Frequentemente	Sempre

20) Você se pega comendo, trabalhando, bebendo, usando drogas ou buscando emoção compulsivamente?

☐ Nunca   ☐ Raramente   ☐ Ocasionalmente   ☐ Frequentemente   ☐ Sempre

21) Você já buscou ajuda ou terapia, mas ainda sente que "algo" está errado ou faltando?

☐ Nunca   ☐ Raramente   ☐ Ocasionalmente   ☐ Frequentemente   ☐ Sempre

22) Você com frequência se sente apático, vazio ou triste?

☐ Nunca   ☐ Raramente   ☐ Ocasionalmente   ☐ Frequentemente   ☐ Sempre

23) É difícil para você confiar nos outros?

☐ Nunca   ☐ Raramente   ☐ Ocasionalmente   ☐ Frequentemente   ☐ Sempre

24) Você tem um senso de responsabilidade superdesenvolvido?

☐ Nunca   ☐ Raramente   ☐ Ocasionalmente   ☐ Frequentemente   ☐ Sempre

25) Você sente falta de realização na vida, tanto pessoal quanto profissionalmente?

☐ Nunca   ☐ Raramente   ☐ Ocasionalmente   ☐ Frequentemente   ☐ Sempre

26) Você tem sentimentos de culpa, inadequação ou baixa autoestima?

☐ Nunca   ☐ Raramente   ☐ Ocasionalmente   ☐ Frequentemente   ☐ Sempre

27) Você tende a ter fadiga crônica, dores e incômodos?

☐ Nunca   ☐ Raramente   ☐ Ocasionalmente   ☐ Frequentemente   ☐ Sempre

28) Você acha difícil visitar seus pais por mais do que alguns minutos ou horas?

☐ Nunca   ☐ Raramente   ☐ Ocasionalmente   ☐ Frequentemente   ☐ Sempre

29) Você tem dúvidas sobre como responder quando as pessoas perguntam sobre seus sentimentos?

☐ Nunca   ☐ Raramente   ☐ Ocasionalmente   ☐ Frequentemente   ☐ Sempre

30) Você já se perguntou se pode ter sido maltratado, abusado ou negligenciado quando criança?

☐ Nunca ☐ Raramente ☐ Ocasionalmente ☐ Frequentemente ☐ Sempre

31) Você tem dificuldade em pedir o que quer dos outros?

☐ Nunca ☐ Raramente ☐ Ocasionalmente ☐ Frequentemente ☐ Sempre

Se você respondeu "Ocasionalmente", "Frequentemente" ou "Sempre" a qualquer uma dessas perguntas, este livro pode ser útil para você. (Se você respondeu principalmente "Nunca", pode não estar ciente de alguns de seus sentimentos.)

Neste livro, descrevo alguns princípios básicos para descobrir quem realmente somos e proponho que a resposta esteja na liberação de nosso Eu Real, nossa Criança Interior. Descreverei então como chegar à recuperação de nosso Eu Real, algo que pode diminuir nossa confusão, dor e sofrimento.

A realização dessas tarefas exigirá tempo, esforço e disciplina. Por causa disso, talvez você prefira reler estes capítulos de tempos em tempos durante os próximos meses e anos.

CAPÍTULO 2

ANTECEDENTES DO CONCEITO DE CRIANÇA INTERIOR

REFERÊNCIAS AO CONCEITO DE CRIANÇA INTERIOR REMONTAM A ANTES de Cristo. Mas três recentes desenvolvimentos são importantes para sua atual roupagem.

Abuso e negligência infantil

O primeiro desenvolvimento vem de dois movimentos. Um deles é o movimento de reconhecimento e cura do abuso infantil. O outro é um desdobramento de uma interação deste com certos terapeutas e escritores no campo da psicoterapia. Esses conceitos evoluíram nos últimos setenta anos, talvez por coincidência o mesmo período do segundo grande movimento da Criança Interior.

Esse segundo grande desenvolvimento inclui o movimento de autoajuda dos 12 Passos e o movimento, estreitamente alinhado, de famílias de alcoólatras. Isso pode surpreender as pessoas que não estão familiarizadas com estas três áreas: abuso infantil, psicoterapia e recuperação do alcoolismo. No entanto, há uma clara interconexão, com cada uma trazendo contribuições importantes.

Recuperação do alcoolismo

A recuperação bem-sucedida do alcoolismo começou em 1935, com a fundação da comunidade de Alcoólicos Anônimos (AA).

Além de sofrer da doença do alcoolismo, a maioria dos fundadores de AA eram filhos adultos de alcoólatras e/ou foram maltratados ou abusados quando crianças. Muitos já haviam tentado, sem sucesso, várias formas de psicoterapia. Infelizmente, ainda hoje, fora do campo do tratamento do alcoolismo, a psicoterapia individual para alcoólatras e seus familiares no início da cura não teve melhorias substanciais.

Como a psicoterapia, o campo do abuso e negligência infantil está apenas começando a descobrir as vastas habilidades clínicas disponíveis no campo do alcoolismo, outras dependências químicas e codependência (definida na p. 68). Por sua vez, o campo do alcoolismo está aprendendo cada vez mais com a psicoterapia para abuso e negligência infantil.

Durante seus primeiros vinte anos, o Alcoólicos Anônimos cresceu rapidamente e firmou-se como um "tratamento" para o alcoolismo (Kurtz, 1979). Seus 12 Passos para a recuperação foram uma revelação para o alcoólatra, até então incompreendido e sem tratamento. Em meados da década de 1950, surgiram tanto o movimento de terapia familiar genérica quanto a comunidade do Al-Anon – dedicada à família e aos amigos de alcoólatras. Mas as crianças de famílias de alcoólatras recebiam pouca atenção, especialmente a Criança Interior de todos os afetados.

Até o fim da década de 1960, praticamente nenhum artigo ou livro se dedicava com seriedade às crianças de famílias alcoólicas. Um primeiro livro, *The Forgotten Children* [Crianças esquecidas], de Margaret Cork, foi publicado em 1969. Depois disso, a literatura e a atenção aumentaram aos poucos.

A família e as crianças

Durante o fim dos anos 1970 e início dos anos 1980, surgiram abordagens práticas para entender e ajudar os familiares de alcoólatras e outros dependentes químicos. O campo se desenvolveu tão rapidamente que, hoje, alguns clínicos e educadores estão se especializando nessa área. A fundação, em 1983, da

Associação Nacional para Filhos de Alcoólatras (NACoA, sigla em inglês para National Association for Children of Alcoholics) incentivou a criação de redes e a disseminação de informações. Em 1977, começaram a se reunir os primeiros grupos de auto-ajuda para filhos adultos de alcoólatras. Hoje, esses grupos "ACA" ou "ACoA" (siglas em inglês para Association for Children of Alcoholics) ainda estão ativos e publicaram a primeira edição de seu "Big Book" [O grande livro] (ACA, 2006).

Durante estas últimas décadas e anos, o conceito de Criança Interior ressurgiu e começou a amadurecer, tanto no âmbito do alcoolismo e da família como no da psicoterapia.

Psicoterapia

O envolvimento da psicoterapia com o conceito de "Criança Interior" começou com a descoberta do inconsciente humano, seguido pela teoria do trauma de Freud. No entanto, este rapidamente descartou a última por uma de menor eficácia clínica na cura de feridas traumáticas da infância: a teoria da pulsão (ou instinto) e o complexo de Édipo (Freud, 1964; Miller, 1983; 1984). Embora muitos dos alunos e colegas mais brilhantes e criativos de Freud, como Jung, Adler, Rank e Assagioli, discordassem das duas últimas teorias de Freud e fizessem suas próprias contribuições valiosas para o campo da psicoterapia, o conceito de "Criança Interior" – o Eu Real ou Verdadeiro – firmou-se lentamente. As contribuições de Erikson, Klein, Horney, Sullivan, Fairbairn, Hartmann, Jacobson e outros abriram caminho para o pediatra londrino Donald Winnicott descrever suas observações sobre mães, bebês e crianças. Estas incluíam detalhes sobre o Eu Real ou Verdadeiro que é nossa Criança Interior, crucial em nossas vidas e para nos *sentirmos* vivos.

Baseando-se na literatura de psicoterapia psicanalítica, especialmente em Freud e em Winnicott, na observação de seus pacientes e na leitura de trabalhos sobre abuso infantil, em 1979 a psicanalista Alice Miller começou a articular maus-tratos, abuso e negligência infantis à psicoterapia analítica. Em seus três livros, no entanto, apenas duas vezes ela faz a importante conexão do alcoolismo como uma das principais condições parentais que predispõem a Criança Interior a danos. De forma nenhuma a culpo, pois acredito que ela teve a mesma educação incompleta que eu e a maioria dos profissionais da ajuda tivemos – ou seja, essencialmente nenhum treinamento em alcoolismo e efeitos de trauma na infância como processos primários (Whitfield, 1980). Na verdade, nosso treinamento inicial sobre essas duas condições clínicas comuns foi negativo.

Doenças

Outra contribuição para a cura da Criança Interior veio do uso da psicoterapia de grupo e da imaginação guiada como auxiliar no tratamento de pacientes com câncer. Ao descobrir que muitos pacientes com câncer haviam negligenciado a satisfação de suas necessidades e a expressão de seus sentimentos, Mathews, Simonton e outros (1983) descreveram abordagens para remediar essas necessidades. Outros no campo da medicina estão começando a usar abordagens semelhantes no tratamento de doenças cardíacas e outras condições com risco de morte (Dossey, 1984; Felitti et al., 1998). Acredito que os princípios e técnicas de cura de nossa Criança Interior podem ter aplicações importantes e úteis para ajudar a aliviar todas as doenças e sofrimentos.

Espiritualidade

A última área que conecta as anteriores com a Criança Interior é a da espiritualidade. Os campos do alcoolismo e de famílias de alcoólatras usam essa ajuda de maneira eficaz. Alguns psicoterapeutas e médicos estão começando a reconhecer seu valor (Wilber, 1979, 1983; Whitfield, 1985; Wegscheider-Cruse, 1985; Vaughan, 1985; Gravitz; Bowden, 1987). Abordo a espiritualidade – *não* a religião organizada – ao longo deste livro, especialmente no Capítulo 15. Acredito que a espiritualidade é crucial para alcançar a recuperação total de qualquer condição médica ou psicológica e, especialmente, para descobrir e finalmente liberar a "Criança Interior", nosso Eu Real e Verdadeiro.

* * *

O que é exatamente a nossa "Criança Interior"? Como sabemos quando a vemos, sentimos ou reconhecemos? Que relevância ela tem para que uma pessoa se recupere das condições anteriormente mencionadas, bem como de outras doenças físicas, mentais-emocionais e espirituais?

CAPÍTULO 3

O QUE É A CRIANÇA INTERIOR?

Não importa quão distante, evasivo ou mesmo estranho isso possa parecer, cada um de nós tem uma "Criança Interior" – uma parte de nós que está viva, enérgica, criativa e realizada. Ela é o nosso Eu Real – quem de fato somos. Horney, Masterson e outros a chamam de "Eu Real". Alguns psicoterapeutas, incluindo Winnicott e Miller, a chamam de "verdadeiro eu". Alguns clínicos e educadores, dentro e fora do campo do alcoolismo e da família, também a intitulam de "Criança Interior".

Com a ajuda dos pais, de outras figuras de autoridade e de instituições (como escolas, religião organizada, política, a mídia e até mesmo a psicoterapia), a maioria de nós aprende a reprimir ou negar nossa Criança Interior. Quando essa parte vital de cada um de nós não é nutrida e não tem liberdade de expressão, emerge um falso eu ou codependente. Descrevo melhor essas duas partes de cada um de nós no Quadro 1.

Nossa Criança Interior ou Eu Real

Neste livro, uso os seguintes termos de forma intercambiável: Eu Real, Eu Verdadeiro, Criança Interior, Criança Divina e Eu Superior. (Coloco as iniciais em maiúsculas para mostrar sua importância para nossa vida e para ajudar a diferenciá-los do falso eu ou eu inferior.) Também já foram usados os termos Eu Mais Profundo e Núcleo Interior (James; Savary, 1977), os quais se referem à mesma parte central em nós. Em resumo: quem somos quando nos sentimos mais autênticos, genuínos ou animados.

Nosso Eu Real é espontâneo, expansivo, amoroso, generoso e comunicativo. Nosso Eu Verdadeiro aceita a nós mesmos e aos outros. Ele sente, sejam os sentimentos alegres, sejam os dolorosos. E expressa esses sentimentos. Nosso Eu Real aceita nossos sentimentos sem julgamento e medo, e permite que eles existam como uma forma válida de avaliar e apreciar os eventos da vida.

Quadro 1. Algumas características do nosso Eu Real e do nosso Falso Eu

EU REAL	FALSO EU
Eu autêntico	Eu não autêntico, máscara
Eu Verdadeiro	Eu codependente, persona
Genuíno	Personalidade não genuína, de "faz de conta"
Espontâneo	Planeja e procede com lentidão
Expansivo, amoroso	Retraído, temeroso
Generoso, comunicativo	Não se entrega
Aceita a si e aos outros	Invejoso, crítico, idealizado, perfeccionista
Compassivo	Orientado para os outros, excessivamente conformado
Assertivo	Agressivo e/ou passivo
Intuitivo	Racional, lógico
Ama incondicionalmente	Ama condicionalmente

Tem sentimentos, incluindo a raiva apropriada, espontânea e presente	Nega ou esconde sentimentos, incluindo raiva prolongada (ressentimento)
Criança Interior Capacidade de ser infantil	Papel exagerado como pai/adulto; pode ser infantilizado
Precisa brincar e se divertir	Evita brincadeiras e diversão
Vulnerável	Finge sempre ser forte
Poderoso no verdadeiro sentido	Poder limitado
Confiante	Desconfiado
Gosta de ser cuidado	Evita ser cuidado
Se entrega	Controlado, se retrai
Autoindulgente	Hipócrita
Aberto ao inconsciente	Bloqueia o material inconsciente
Se recorda da nossa Unidade	Esquece nossa Unidade; sente-se separado
Livre para crescer	Tende a atuar padrões inconscientes, muitas vezes dolorosos, repetidamente
Eu privado	Eu público

Nossa Criança Interior é expressiva, assertiva e criativa. Pode ser infantil no sentido mais elevado, maduro e evoluído da palavra. Precisa brincar e se divertir. E, no entanto, é vulnerável, talvez por ser tão aberta e confiante. Entrega-se a si própria, aos outros e, por fim, ao Universo. E, ainda assim, é poderosa, no verdadeiro sentido de poder (discutido nos Capítulos 11 e 15). É saudavelmente autoindulgente, tendo prazer em receber e em ser cuidada. Também está aberta para aquela parte vasta e misteriosa de nós que chamamos de nosso inconsciente. Ela presta atenção às mensagens que recebemos diariamente do inconsciente, como sonhos, dificuldades e doenças.

Por ser real, ela é livre para crescer. E, enquanto nosso falso eu se esquece, nosso Eu Verdadeiro se recorda de nossa Unidade com os outros e com o Universo. No entanto, para a maioria de nós, nosso Eu Real também é nosso eu privado. E por que optamos por não compartilhar? Talvez seja o medo de ser ferido ou rejeitado. Alguns estimam que mostramos nosso Eu Verdadeiro aos outros, em média, apenas cerca de quinze minutos por dia. Por algum motivo, tendemos a manter essa parte de nós privada.

Quando *somos* nosso Eu Verdadeiro, ou quando nos manifestamos a partir dele, nos sentimos vivos. Podemos sentir dor na forma de mágoa, tristeza, culpa ou raiva, mas mesmo assim nos sentimos *vivos*. Ou podemos sentir alegria, na forma de contentamento, felicidade, inspiração ou mesmo êxtase. No geral, tendemos a nos sentir presentes, completos, acabados, apropriados, reais, completos e sãos.

Nossa Criança Interior flui naturalmente desde o momento em que nascemos até o momento em que morremos, e durante todos os nossos momentos e transições entre um e outro. Não precisamos fazer nada para sermos nosso Eu Verdadeiro. Ele apenas é. Se simplesmente o deixarmos ser, ele se expressará sem nenhum esforço particular de nossa parte. De fato, qualquer esforço geralmente vem no sentido de negar nossa consciência e a expressão dela.

Nosso Falso Eu

Em contrapartida, outra parte de nós geralmente se sente desconfortável, tensa ou não autêntica. Uso sem distinção os seguintes termos: falso eu, eu codependente, eu não autêntico ou eu público.

Nosso falso eu é um disfarce. É inibido, retraído e temeroso. É o nosso ego e superego, egocêntricos, sempre planejando e se arrastando, continuamente egoísta e contido. É invejoso, crítico, idealizado, culpabilizador, envergonhado e perfeccionista.

Alienado do Eu Verdadeiro, nosso falso eu é orientado para o outro, concentrando-se no que ele *pensa* que os outros querem que ele seja; é excessivamente conformado. Ele dá seu amor apenas condicionalmente. Encobre, esconde ou nega seus sentimentos. Mesmo assim, pode criar sentimentos falsos, como costuma acontecer quando respondemos com frequência a um "Como vai você?" com um superficial "Tudo bem". Essa resposta rápida costuma ser necessária ou útil para se defender contra a percepção assustadora do falso eu, que ou não sabe como se sente ou sabe e censurou esses sentimentos como "errados" ou "ruins".

Com frequência, em vez de ser apropriadamente assertivo – para o Eu Real –, ele é inapropriadamente agressivo e/ou passivo.

Para usar a terminologia da análise transacional, nosso falso eu tende a ser o "pai crítico". Ele evita brincar e se divertir. Finge ser "forte" ou mesmo "poderoso". No entanto, seu poder é mínimo ou inexistente e, na realidade, geralmente é medroso, desconfiado e destrutivo.

Como nosso falso eu precisa se conter e estar no controle, ele sacrifica cuidar ou ser cuidado. Não pode se entregar. É hipócrita e procura bloquear informações vindas do inconsciente. Mesmo assim, ele tende a agir repetidamente de acordo com padrões inconscientes, muitas vezes dolorosos. Por se esquecer de nossa Unidade, ele se sente isolado. É o nosso eu público – quem achamos que os outros (e, por fim, até mesmo nós) pensam que deveríamos ser.

Na maioria das vezes, quando estamos no papel de nosso falso eu, nos sentimos desconfortáveis, entorpecidos, vazios ou em um estado artificial ou retraído. *Não nos sentimos reais, completos, inteiros ou sãos.* Em algum nível, sentimos que algo está errado ou faltando.

Paradoxalmente, muitas vezes sentimos que esse falso eu é nosso estado natural, como "deveríamos ser". Isso pode acontecer devido ao nosso vício ou apego em ser assim. Ficamos tão acostumados a ser nosso falso eu que nosso Eu Verdadeiro se sente culpado, como se algo estivesse errado, por não nos sentirmos reais e vivos. Pensar em resolver esse problema é assustador.

Esse falso eu ou eu codependente parece ser universal entre os humanos. Ele foi descrito inúmeras vezes na imprensa e em nossas vidas diárias. Já foi chamado de nomes diversos, como ferramenta de sobrevivência, psicopatologia, o ego egocêntrico e o eu prejudicado ou defensivo (Masterson, 1985). Pode ser destrutivo para si mesmo, para os outros e para os relacionamentos íntimos. No entanto, é uma faca de dois gumes. Pode bem ser útil. Mas quão útil? E em que circunstâncias? Um poema de Charles C. Finn descreve muitas de nossas lutas com nosso falso eu:

Por favor, ouça o que não estou dizendo

Não se deixe enganar por mim.
Não se deixe enganar pelo rosto que visto.
Pois uso uma máscara, mil máscaras,
máscaras que tenho medo de tirar,
e nenhuma delas sou eu.
Fingir é uma arte que é uma segunda natureza para mim,
mas não se engane.
Pelo amor de Deus, não se engane.
Passo a impressão de que estou seguro,
que comigo tudo é sol e serenidade, por dentro e por fora,
que confiança é meu nome e frieza é meu jogo,
que a água está calma e eu estou no comando,

e que não preciso de ninguém.
Mas não acredite em mim.
Minha superfície pode parecer calma, mas minha superfície é minha máscara, sempre variável e sempre ocultadora.
Por baixo não há complacência.
Por baixo está a confusão, o medo e a solidão.
Mas eu escondo isso. Não quero que ninguém saiba disso.

Entro em pânico ao pensar na minha fraqueza e no meu medo serem expostos.
É por isso que crio freneticamente uma máscara por trás da qual me esconder,
uma fachada sofisticada e indiferente,
para me ajudar a fingir,
para me proteger do olhar que sabe.
Mas esse olhar é precisamente a minha salvação. Minha única esperança, e eu sei disso.
Quer dizer, se for seguido por aceitação,
se for seguido por amor.
É a única coisa que pode me libertar de mim mesmo,
das paredes da prisão construída por mim mesmo,
das barreiras que ergui com tanto esmero.
É a única coisa que pode me assegurar do que não posso assegurar a mim mesmo,
que eu realmente valho alguma coisa.
Mas eu não te digo isso. Não me atrevo. Tenho medo disso.
Receio que seu olhar não será seguido de aceitação,
não será seguido de amor.
Tenho medo de que você faça pouco de mim, de que dê risada,
e sua risada me mataria.
Tenho medo de que no fundo eu não seja nada, que simplesmente não preste,
e de que você veja isso e me rejeite.

Então eu jogo meu jogo, meu jogo de fingimento desesperado,
com uma fachada de segurança por fora
e uma criança trêmula por dentro.

Assim começa o brilhante, mas vazio, desfile de máscaras,
e minha vida se torna uma fachada.
Eu converso com você despreocupadamente nos tons suaves da conversa superficial.
Eu te digo tudo do que é realmente nada,
e nada do que é tudo,
do que está chorando dentro de mim.
Então, quando eu estiver nessa rotina,
não se engane com o que estiver dizendo.
Por favor, ouça com atenção e tente ouvir o que não estou dizendo,
o que gostaria de conseguir dizer,
o que para a sobrevivência eu preciso dizer,
mas que não consigo dizer.

Eu não gosto de me esconder.
Não gosto de jogos falsos e superficiais.
Quero parar de jogá-los.
Quero ser genuíno e espontâneo e eu mesmo,
mas você tem que me ajudar.
Você tem que estender a mão
mesmo quando essa é a última coisa que pareço querer.
Só você pode tirar dos meus olhos o olhar vazio dos mortos que respiram.
Só você pode me chamar para a vida.
Cada vez que você é suave, gentil e encorajador,
cada vez que você tenta me entender, porque você realmente se importa,
meu coração começa a criar asas,
asas muito pequenas,
asas muito frágeis,
mas asas!
Com o seu poder de me tocar para que eu sinta
você pode soprar vida em mim.
Quero que você saiba disso.

Eu quero que você saiba quão importante é para mim,
como você pode ser um criador – um criador sincero ao extremo –
da pessoa que sou eu

se você quiser.
Só você pode derrubar a parede atrás da qual eu tremo,
só você pode tirar minha máscara,
só você pode me libertar do meu mundo sombrio de pânico e incerteza,
da minha prisão solitária,
se você quiser.
Por favor, queira. Não me deixe para trás.
Não será fácil para você.

Uma longa convicção de inutilidade constrói fortes muros.
Quanto mais perto você chega de mim
mais cegamente posso contra-atacar.
É irracional, mas, apesar do que os livros dizem sobre o homem, muitas vezes sou irracional.
Eu luto contra a exata coisa pela qual clamo.
Mas me disseram que o amor é mais forte que muros fortes,
e nisso reside a minha esperança.
Por favor, tente derrubar essas paredes
com mãos firmes
mas gentis
pois uma criança é muito sensível.

Quem sou eu, você pode se perguntar?
Eu sou alguém que você conhece muito bem.
Pois eu sou todo homem que você conhece
e sou toda mulher que você conhece.

CAPÍTULO 4

SUFOCANDO A CRIANÇA INTERIOR

Como nossos pais, outras figuras de autoridade e instituições – como educação, religião organizada, política, a mídia e até mesmo terapeutas – sufocam ou negam nossa Criança Interior? Como podemos identificar se *nós* fomos afetados? Que fatores ou condições fizeram nossos pais e outras pessoas sufocarem nosso Eu Real?

Algumas necessidades humanas

Em circunstâncias ideais, algumas necessidades humanas devem ser satisfeitas para que nossa Criança Interior possa se desenvolver e crescer. Baseando-me em autores como Maslow (1962), Weil (1973), Miller (1983, 1984) e Glasser (1985), compilei uma lista hierárquica de vinte fatores ou condições que chamo de "necessidades humanas" (ver Quadro 2). Quase todos estão associados ao nosso relacionamento com nós mesmos e com pessoas ao nosso redor.

Ao que parece, para alcançar todo o nosso potencial, precisamos da maioria dessas necessidades. Quando crescemos em um ambiente que não supre tais necessidades, crescemos automaticamente sem perceber que elas não foram e não estão sendo atendidas. Muitas vezes nos sentimos confusos e cronicamente infelizes.

Sobrevivência, segurança e proteção

Um recém-nascido requer tanta atenção que é preciso haver alguém disponível e capaz de suprir as necessidades de sua simples sobrevivência. No mínimo, isso inclui sua segurança e proteção.

Quadro 2. Uma hierarquia das necessidades humanas

1. Sobrevivência
2. Segurança
3. Toque, contato com a pele
4. Atenção
5. Espelhamento e eco
6. Orientação
7. Escuta
8. Ser verdadeiro
9. Participação
10. Aceitação
    Os outros prestam atenção, levam a sério e admiram seu Eu Real
    Liberdade para ser seu Eu Real
    Tolerância com seus sentimentos
    Validação
    Respeito
    Pertencimento e amor
11. Oportunidade para lamentar perdas e crescer
12. Apoio
13. Lealdade e confiança
14. Realização
    Maestria, "poder", "controle"
    Criatividade
    Sensação de conclusão
    Dar contribuições
15. Alteração da consciência, transcender o ordinário
16. Sexualidade
17. Prazer ou diversão
18. Liberdade
19. Cuidados
20. Amor incondicional (incluindo conexão com um Poder Superior)

Fonte: compilado em parte com base em Maslow, 1962; Miller, 1981; Weil, 1973; Glasser, 1985.

Toque

A partir dos estudos de Spitz, Montague, Peace e outros, sabemos da importância do toque como uma necessidade humana. Bebês privados de toques não conseguem prosperar e crescer, mesmo que recebam alimentação, nutrição e proteção adequadas. O toque fica mais poderoso via um contato pele a pele apropriado. Experimentos com coelhos alimentados com dietas indutoras de aterosclerose mostram que aqueles que são segurados e acariciados pelos funcionários do laboratório tendem a não desenvolver a doença (endurecimento das artérias). Aqueles coelhos que não são acariciados tendem a adquirir aterosclerose (Dossey, 1985).

Parece que, para nos sentirmos conectados e cuidados, precisamos ser abraçados e tocados. Virginia Satir sugeriu que precisamos de quatro a doze abraços por dia como parte da manutenção de nossa saúde.

Atenção

A criança ou o indivíduo deve ser atendido – deve receber atenção. A mãe ou outra(s) figura(s) parental(is) deve(m) dar atenção ao bebê e à criança de modo que ao menos sua segurança, proteção e necessidade de toque sejam atendidas.

Espelhamento e eco

A próxima necessidade é o início da validação do bebê, criança ou mesmo do adulto como um ser que sente e pensa. Espelhamento e eco é quando a mãe reage de forma não verbal, por meio da expressão facial, postura, sons e outros movimentos, para que a criança perceba que está sendo compreendida.

Neste ponto, entendemos que, se a mãe ou outra figura parental não puder fornecer essas primeiras necessidades, o crescimento físico, mental-emocional e espiritual da criança provavelmente será prejudicado. Uma razão pode ser que a própria mãe está tão empobrecida e carente que usa seu bebê para satisfazer suas próprias necessidades não atendidas. Isso é uma coisa incrível sobre os bebês. Eles sentem que a mãe está carente e conseguem, finalmente, detectar as necessidades *específicas* dela e *começar a atendê-las*. Claro, isso tem um preço alto – a negação, o sufocamento e o atrofiamento de seu próprio Eu Verdadeiro ou Criança Interior. Esse preço aumenta à medida que a criança se torna adulta, resultando em dor e sofrimento físico, mental-emocional e espiritual.

Orientação
A orientação, também uma parte da ajuda para que o bebê e a criança cresçam e se desenvolvam, pode incluir aconselhamento, assistência e qualquer outra forma de ajuda, verbal ou não verbal. Também inclui modelar e ensinar habilidades sociais adequadas e saudáveis.

Escuta, participação e aceitação
É de muita ajuda saber que alguém nos ouve, mesmo que nem sempre nos entenda. Formas ou tipos de escuta cada vez mais sustentadores estão associados aos números de 9 a 20 nesta hierarquia das necessidades humanas, incluindo participação com a criança em atividades apropriadas e a *aceitação* do Eu – a Criança Interior – do bebê, da criança e finalmente do adulto. A mãe, outra figura parental ou pessoa responsável leva a sério e admira o Eu Real da outra pessoa. Essas figuras demonstram aceitação ao respeitar, validar e tolerar os *sentimentos* do Eu Real do outro. Isso dá à Criança Interior liberdade para ser seu autêntico Eu e se desenvolver.

Agora, o leitor pode perceber que algumas de suas necessidades não foram – talvez não estejam sendo – atendidas. No entanto, estamos apenas na metade dessa hierarquia de nossas necessidades humanas.

Oportunidade para lamentar perdas e crescer
A cada perda que experimentamos, seja real, seja uma ameaça de perda, temos a necessidade de lamentá-la – trabalhar a dor e o sofrimento que ela traz. É algo que leva tempo. E, quando lamentamos nossas perdas até o fim, crescemos. Esse processo de luto e crescimento é o tema de boa parte deste livro.

Apoio
Apoiar implica que o amigo ou cuidador não bloqueará a busca, o recebimento e a criação do Eu Real, e fará todo o possível para garantir que o Eu Real possa realizar seu potencial. Isso inclui fazer ativamente o que for possível para garantir que o Eu Real seja capaz de atingir seu potencial.

Lealdade e confiança
Ser solidário requer lealdade e confiança, tanto de quem dá quanto de quem recebe. É impossível trair o Eu Verdadeiro de outra pessoa por muito tempo sem causar sérios danos ao relacionamento. Para crescer, a Criança Interior deve se sentir confiável e ser capaz de confiar nos outros.

Realização
Em um nível básico, alcançar ou realizar algo implica empoderamento, "poder", "controle", ou o potencial para dominar – a crença de que a pessoa é capaz de realizar uma tarefa. Em um nível superior, isso significa não apenas concluir a tarefa, mas também estar ciente de que a tarefa foi concluída. Talvez o maior nível de realização seja o sentimento de que *demos* uma contribuição, a qual dá sentido à tarefa.

Algumas pessoas que cresceram em famílias problemáticas ou disfuncionais acham difícil concluir uma tarefa ou projeto ou tomar decisões. Isso ocorre porque elas não praticaram isso com a orientação e o apoio de uma pessoa importante. Em contrapartida, outras pessoas de famílias disfuncionais podem ser grandes realizadoras em algumas áreas, como educação ou trabalho, mas são repetidamente incapazes de realizações em outras áreas, como relacionamentos íntimos.

Alteração da consciência, prazer e diversão
Classificar a alteração do estado de consciência como uma necessidade humana é algo controverso. Isso se deve ao mito de que a alteração da consciência implica o uso de álcool ou outras drogas que alteram o humor (Weil, 1973). Na verdade, parece que

temos uma necessidade inata – até mesmo biológica – de alterar periodicamente nosso estado de consciência, seja sonhando acordado, rindo, praticando esportes, concentrando-nos em um projeto, seja dormindo. Intimamente relacionada a isso está outra necessidade e também um estado alterado: prazer ou diversão. Muitas crianças de famílias problemáticas têm dificuldade em relaxar e se divertir. A capacidade de ser espontâneo e de brincar é uma necessidade e uma característica da nossa Criança Interior.

Sexualidade

A sexualidade muitas vezes não é mencionada como uma necessidade humana. Em vez de apenas relação sexual, por sexualidade entendo uma gama de potenciais, desde sentir-se bem por ser homem ou mulher até desfrutar de vários aspectos de ser sexual, descobrir o homem (*animus*) dentro da psique da mulher ou a mulher (*anima*) dentro do homem.

Muitos dos que cresceram em lares problemáticos podem ter dificuldades com a identidade sexual, sua expressão ou prazer. Alguns de nós podem ter sido abusados sexualmente, seja aberta, seja secretamente.

Liberdade

Ter a liberdade de arriscar, explorar e fazer o que é espontâneo e necessário é outra necessidade humana. Junto com essa liberdade vem a responsabilidade. Por exemplo, a espontaneidade tende a ser saudável, enquanto a impulsividade pode ser prejudicial a nossos interesses.

Cuidados

A penúltima ordem mais elevada de necessidades humanas é o cuidado. Fornecer qualquer uma ou todas as necessidades anteriores a alguém é adequado em cada situação. No entanto, a pessoa cuidadora deve ser capaz de cuidar *e* a pessoa cuidada deve ser capaz de relaxar, de se entregar, para ser cuidada. Em minhas observações de pacientes, suas famílias e outras pessoas, essa reciprocidade é incomum na interação humana.

Não é função da criança cuidar dos pais: quando isso acontece repetidamente, é uma forma sutil de abuso ou negligência infantil.

Amor incondicional

A necessidade final é o amor incondicional. Para muitas pessoas, trata-se de um conceito de difícil compreensão. Discuto mais essa necessidade no Capítulo 15.

Os pais não realizados

Raramente alguém encontra uma mãe, outra figura paterna ou amiga próxima que seja até mesmo *capaz* de prover ou nos ajudar com todas as nossas necessidades – muito menos alguém que atenda a elas por completo. Geralmente não há alguém assim disponível. (Na verdade, engravidar e parir um filho relaciona-se, muitas vezes, principalmente às necessidades da mãe.) Assim, em nossa recuperação, *lamentamos* não ter tido todas as nossas necessidades satisfeitas como bebês, crianças e até mesmo como adultos. Também é útil lamentar o oposto – ter recebido coisas que não queríamos ou das quais não precisávamos, como maus-tratos ou abuso infantil. Discuto mais esse processo de luto nos Capítulos 11 e 12.

Muitas mães, pais ou outras figuras parentais são mental e emocionalmente empobrecidos. Uma razão provável é que suas necessidades não foram atendidas quando bebês, crianças e/ou adultos. Eles são, portanto, tão necessitados que tendem a usar os outros de uma maneira não saudável e inadequada para satisfazer essas necessidades. Qualquer pessoa em seu ambiente imediato, qualquer pessoa próxima a eles, incluindo bebês e crianças, será usada inconscientemente (Miller, 1983). Para sobreviver, a criança que não consegue desenvolver um Eu Verdadeiro e forte compensa desenvolvendo um eu exageradamente falso ou codependente.

* * *

A princípio, pode parecer inconcebível que uma mãe use um recém-nascido vulnerável e indefeso para satisfazer suas próprias necessidades. No entanto, isso ocorre repetidamente em muitas famílias problemáticas ou disfuncionais. No próximo capítulo, descrevo condições dos pais e da família da criança que tendem a promover tal confusão, regressão e desorientação.

CAPÍTULO 5

CONDIÇÕES PARENTAIS QUE TENDEM A SUFOCAR A CRIANÇA INTERIOR

COMO PODEM UMA MÃE, OUTRA FIGURA PARENTAL OU, MAIS TARDE na vida, um amigo próximo *nos ajudar* a atender muitas de *nossas necessidades*? Em geral, para fazer isso eles devem ter tido suas necessidades atendidas quando crianças e/ou, quando adultos, ter passado por um processo de cura de sua própria Criança Interior, aprendendo a satisfazer suas necessidades.

No entanto, certas condições podem interferir na satisfação das necessidades. Quanto mais carentes, severas ou avançadas as condições dos pais e da família, menos as necessidades da criança tendem a ser atendidas. Essas condições parentais estão listadas no Quadro 3. A palavra "parental" significa *não apenas os pais*, e pode incluir *irmãos* e qualquer outra pessoa. Na vida de uma criança mais velha e certamente na de um adulto, refere-se a qualquer *pessoa próxima* ou *influente*.

Alcoolismo e outras dependências químicas

O alcoolismo ou outra dependência química pode ser definido como sofrimento, problemas ou dificuldades recorrentes associados ao uso de álcool ou drogas. O problema pode ocorrer em uma ou mais áreas, incluindo relacionamentos, educação, jurídico, financeiro, saúde, espiritual e ocupacional.

Sabemos que filhos de alcoólatras (CoAs, sigla para *children of alcoholics*) e outros membros da família tendem a ter *pouca consciência* de que um genitor ou outro membro da família é alcoólatra ou dependente de outra droga. Black (1984) estima que cerca de metade dos filhos adultos de alcoólatras nega o problema dos pais com a bebida. E até 90% dos CoAs que se tornam alcoólatras ou dependentes químicos não conseguem identificar o problema dos pais com a bebida. Essa falta de consciência em relação a uma importante fonte do caos familiar resulta numa aceitação extensa, destrutiva e desnecessária, bem como em autocensura e culpa entre os membros da família.

Quadro 3. Condições parentais associadas à dinâmica de filhos adultos de alcoólatras e outras famílias disfuncionais

Alcoolismo

Outra dependência química

Codependência (neurose) – Ver Quadro 4

Doença mental crônica e doença física disfuncional

Rigidez extrema, punitivismo, criticismo, desamor, perfeccionismo, inadequação

Abuso infantil – físico, sexual, mental-emocional, espiritual

Outras condições, por exemplo, aquelas associadas ao transtorno de estresse pós-traumático

Qualquer leitor que se pergunte ou esteja preocupado com o consumo de álcool ou drogas de um dos pais ou de outro parente pode achar útil responder à *Pesquisa sobre o Consumo de Álcool na Família*, a seguir. (Se você não mora mais com o familiar em questão, ou se ele já faleceu, tente responder a essas perguntas *como se ainda* morasse com ele. Se for o uso de *drogas* que o preocupa, substitua "consumo de álcool" por "uso de drogas" nas perguntas.)

Pesquisa sobre o Consumo de Álcool na Família

	Sim	Não
1. Alguém da sua família muda de personalidade quando bebe em excesso?	☐	☐
2. Você acha que, para essa pessoa, beber é mais importante do que você?	☐	☐
3. Você sente pena de si mesmo e mergulha na autopiedade pelo que sente que o álcool está fazendo com sua família?	☐	☐
4. Algum membro da família arruinou ocasiões especiais por ter bebido em excesso?	☐	☐
5. Você se vê encobrindo as consequências do consumo excessivo de álcool de outra pessoa?	☐	☐
6. Você já se sentiu culpado, arrependido ou responsável por um membro de sua família beber?	☐	☐

	Sim	Não
7. O uso de álcool por algum membro de sua família causa brigas e discussões?	☐	☐
8. Você já tentou se opor ao alcoólatra entregando-se à bebida?	☐	☐
9. O consumo de álcool por alguns membros da família faz você se sentir deprimido ou com raiva?	☐	☐
10. Sua família está passando por dificuldades financeiras por causa da bebida?	☐	☐
11. Você já sentiu como se tivesse uma vida familiar infeliz por causa do problema com a bebida de alguns membros de sua família?	☐	☐
12. Você já tentou controlar o comportamento do alcoólatra escondendo as chaves do carro, despejando a bebida no ralo etc.?	☐	☐
13. Você se distrai de suas responsabilidades por causa dos problemas dessa pessoa com o álcool?	☐	☐
14. Você costuma se preocupar com o problema de um membro da família com a bebida?	☐	☐
15. As férias são mais um pesadelo do que uma celebração por causa do problema de um membro da família com a bebida?	☐	☐

	Sim	Não
16. A maioria dos amigos dos seus familiares alcoólatras também bebe muito?	☐	☐
17. Você acha necessário mentir para empregadores, parentes ou amigos para esconder o alcoolismo do seu familiar?	☐	☐
18. Você se pega respondendo de forma diferente aos membros de sua família quando eles estão sob o efeito do álcool?	☐	☐
19. Você já se sentiu envergonhado ou teve a necessidade de pedir desculpas pelas ações do parente alcoólatra?	☐	☐
20. O uso de álcool por algum membro da família faz você temer pela sua segurança ou de outros membros da sua família?	☐	☐
21. Você já pensou que um dos seus familiares teve um problema com bebida?	☐	☐
22. Você já perdeu o sono por causa do problema de um membro da família com a bebida?	☐	☐
23. Você já encorajou algum membro da sua família a parar ou reduzir o consumo de álcool?	☐	☐
24. Você já ameaçou sair de casa ou deixar um membro da família por causa da bebida?	☐	☐

	Sim	Não
25. Algum membro da família já fez promessas que ele ou ela não cumpriu por causa da bebida?	☐	☐
26. Você já desejou poder conversar com alguém que entendesse e o ajudasse com os problemas relacionados ao álcool de um familiar?	☐	☐
27. Você já se sentiu mal, chorou ou ficou com um nó no estômago por se preocupar com o alcoolismo de um membro da família?	☐	☐
28. Um membro da família já não conseguiu se lembrar do que ocorreu durante um período de bebedeira?	☐	☐
29. Seu parente evita situações sociais em que não serão servidas bebidas alcoólicas?	☐	☐
30. Seu parente tem episódios de remorso depois de beber e pede desculpas por seu comportamento?	☐	☐

31. Descreva quaisquer sintomas ou problemas nervosos que você experimentou desde que conhece seu parente alcoólatra.

_____

Se você respondeu "sim" a duas das perguntas, há uma boa possibilidade de que alguém em sua família tenha um problema com álcool.

Se você respondeu "sim" a quatro ou mais das perguntas, esse é um indicativo cabal de que alguém da sua família tem um problema com álcool.

(As perguntas desta pesquisa foram modificadas ou adaptadas de Children of Alcoholics Screening Test [CAST – Teste para filhos de alcoólatras] (Jones Pilat, 1983), do Howard Family Questionnaire [Questionário Howard para famílias] e do Family Alcohol Quiz [Questionário de alcoolismo para famílias], do Al-Anon. Eles estão referenciados em Whitfield et al., 1986.)

Codependência – a neurose do nosso tempo

A próxima condição é a codependência, denominada "coalcoolismo" na década de 1970. Trata-se de uma condição que se tornou muito mais inclusiva desde a criação das cinco definições, na década de 1980, as quais mostro no Quadro 4.

A codependência é uma doença da individualidade perdida. Em um círculo vicioso, é uma condição que sufoca nosso Eu Verdadeiro, nossa Criança Interior. Ela tanto *resulta de* como *contribui para* todas as condições parentais do Quadro 3.

Podemos começar a definir a codependência como *qualquer sofrimento e/ou disfunção que esteja associado ou resulte do foco nas necessidades e no comportamento dos outros*. Os codependentes tornam-se tão focados ou preocupados com pessoas importantes em suas vidas que negligenciam seu Eu Verdadeiro. Como diz Schaef (1986) em seu livro *Co-Dependence* [Codependência], ela leva a um processo progressivo de "não vivência".

Endêmica na humanidade como um todo, a codependência pode imitar, estar associada e agravar muitas condições. Ela se desenvolve quando transferimos nossa responsabilidade por nossa vida e felicidade para nosso falso eu/ego e para outras pessoas.

Quadro 4. Algumas definições de codependência

1) [...] um padrão exagerado de comportamentos, crenças e sentimentos dependentes que tornam a vida dolorosa. É uma dependência de pessoas e coisas fora do eu, junto com a negligência do eu a ponto de ter pouca identidade própria (Smalley, S.: citado em Wegscheider-Cruse, 1985).

2) [...] preocupação e extrema dependência (emocional, social e, às vezes, física) de uma pessoa ou objeto. Por fim, essa dependência por outra pessoa torna-se uma condição patológica que afeta o codependente em todos os outros relacionamentos. Isso pode incluir [...] todas as pessoas que (1) estão em um relacionamento amoroso ou matrimonial com um alcoólatra; (2) têm um ou mais pais ou avós alcoólatras; ou (3) cresceram em uma família emocionalmente repressiva. [...] É uma doença primária e presente em cada membro de uma família alcoólatra (Wegscheider-Cruse, 1985).

3) [...] problemas de saúde, comportamento desadaptativo ou problemático associado a viver, trabalhar ou estar próximo de uma pessoa com alcoolismo (outra dependência química ou outra deficiência crônica). Afeta não apenas indivíduos, mas famílias, comunidades, negócios, outras instituições e até mesmo sociedades inteiras (Whitfield, 1984; 1986).

4) [...] um padrão emocional, psicológico e comportamental para lidar com a situação que se desenvolve como resultado da exposição (e prática) prolongada de um indivíduo a um conjunto de regras opressivas – regras que impedem a expressão aberta de sentimentos, bem como a discussão direta de questões pessoais e problemas interpessoais (Subby, 1984).

5) [...] uma doença que tem muitas formas e expressões e que surge de um processo patológico que [...] eu chamo de processo viciante. [...] o processo viciante é um processo de doença,

não saudável e anormal, cujas suposições, crenças, comportamentos e falta de consciência espiritual levam a um processo progressivo de não vivência (Schaef, 1986).

O desenvolvimento da codependência

A gênese da codependência começa pela repressão de nossas observações, sentimentos e reações. Outros – muitas vezes nossos pais –, e, finalmente, *nós mesmos*, começam a *invalidar* essas nossas *inclinações internas*, muitas vezes cruciais.

Normalmente, no início desse processo, começamos a negar um segredo de família ou de outro tipo. Como nos concentramos tanto nas necessidades dos outros, começamos a negligenciar nossas próprias necessidades e, ao fazer isso, sufocamos nossa Criança Interior.

Mas ainda temos sentimentos, muitas vezes de mágoa. Como continuamos a reprimir nossos sentimentos, nos tornamos cada vez mais tolerantes à dor emocional. Muitas vezes ficamos entorpecidos. E, porque entorpecemos nossos sentimentos, somos incapazes de concluir o luto por nossas perdas cotidianas.

Tudo isso bloqueia nosso crescimento e desenvolvimento nos aspectos mental, emocional e espiritual de nosso ser. Mas temos o desejo de entrar em contato e conhecer nosso Eu Verdadeiro. Aprendemos que "soluções rápidas", como comportamentos compulsivos, nos permitirão vislumbrar nosso Eu Verdadeiro e liberar um pouco da tensão. No entanto, se o comportamento compulsivo for destrutivo para nós ou para os outros, podemos sentir vergonha e uma consequente baixa autoestima. Nesse ponto, podemos começar a nos sentir cada vez mais fora de controle e tentamos compensar com a necessidade de controlar ainda mais. Podemos acabar iludidos e feridos e muitas vezes projetamos nossa dor nos outros.

Nossa tensão agora aumentou a tal ponto que podemos desenvolver doenças relacionadas ao estresse, manifestadas por dores e muitas vezes por disfunção de um ou mais órgãos do corpo. Estamos agora em um estado avançado de codependência e podemos piorar progressivamente até experimentarmos mudanças extremas de humor, dificuldade com relacionamentos íntimos e infelicidade crônica. Para aqueles que estão tentando se recuperar do alcoolismo, de outra dependência química ou de outra condição ou doença, esse estado avançado de codependência pode interferir seriamente.

O desenvolvimento da codependência pode, assim, ser resumido da seguinte forma:

Crescimento da codependência

1. Invalidação e repressão de inclinações internas, como nossas observações, sentimentos e reações.
2. Negligência de nossas necessidades.
3. Início do sufocamento de nossa Criança Interior.
4. Negação de um segredo, seja de família, seja de outro tipo.
5. Aumento da tolerância e entorpecimento em relação à dor emocional.
6. Incapacidade de concluir o luto por uma perda.
7. Bloqueio do crescimento (mental-emocional e espiritual).
8. Comportamentos compulsivos para diminuir a dor e vislumbrar nossa Criança Interior.
9. Humilhação progressiva e perda de autoestima.
10. Sentimento de estar fora de controle. Necessidade de controlar mais.
11. Ilusão e projeção de dor.
12. Doenças relacionadas ao estresse.
13. Piora das compulsões.
14. Deterioração progressiva:
    Mudanças extremas de humor.
    Dificuldade com relacionamentos íntimos.
    Infelicidade crônica.
    Interferência na recuperação do alcoolismo/abuso de drogas e outras condições.

Quer sejamos um bebê ou uma criança crescendo com uma pessoa codependente, quer sejamos um adulto vivendo com ou próximo a ela, é provável que sejamos afetados negativamente, tanto por nossa atual percepção diminuída como por nossas reduzidas habilidades para lidar com a situação. Pelo processo descrito na primeira metade deste livro, nosso Eu Verdadeiro será sufocado.

As sutilezas da codependência

A codependência é uma das condições mais comuns a causarem confusão e sofrimento no mundo. Pode ser sutil em suas manifestações e, portanto, difícil de identificar. A seguir, é apresentado o caso clínico de Karen, uma mulher de 45 anos cujos pais eram codependentes e que, ao crescer com eles, também se tornou uma.

"Quando li a descrição das características dos filhos adultos de alcoólatras, enxerguei muito de mim neles. Então procurei e procurei um alcoólatra em minha família e não encontrei. Descobri que tinha que olhar mais fundo, pois tanto meu pai como minha mãe tinham muitas características de codependência. Meu pai também era viciado em trabalho. Ele foi muito bem-sucedido, mas dedicou seu tempo e energia a todos, exceto sua família. Ele foi prefeito de nossa cidade, e eu me sentia culpada quando pedia atenção a ele. Ele simplesmente não estava disponível para mim como pai, para me ajudar no meu desenvolvimento. Minha mãe era uma comedora compulsiva, embora eu não soubesse disso na época. Ela também não era a mãe de que eu precisava. Ambos me treinaram para ser uma pessoa que se sacrifica e para agradar aos outros.

Casei-me com dois homens alcoólatras, e aos poucos me tornei tão focada neles que negligenciei minhas próprias necessidades, sentindo-me como se estivesse perdendo a cabeça. Eu não sabia dizer 'não' para as pessoas.

Como minha vida estava indo muito mal, tentei corrigi-la da única maneira que sabia do meu passado: trabalhei mais, voltei para a faculdade e entrei numa superatividade compulsiva e com um excesso de responsabilidades. E negligenciei minhas necessidades ainda mais. Eu estava deprimida e fui ficando cada vez mais, tanto que tomei uma overdose de sonífero. Aquele foi meu 'fundo do poço'.

Desesperada, liguei para o AA e eles me disseram para ir ao Al-Anon, o que eu fiz. Eu participava de reuniões todos os dias e adorava. Agora, seis anos depois, ainda vou a uma reunião por semana. Também passei por terapia de grupo durante dois anos e meio e vários meses de terapia individual. Achei tudo muito útil. Olhando para trás, descobri que meu programa de recuperação não só foi útil mental e emocionalmente, mas também foi uma grande ajuda para mim do ponto de vista espiritual. Descobri que meu maior problema era com a minha mãe, de quem passei a depender quanto a como deveria me sentir e viver. Eu estava tão doente que nem conseguia sentir e viver por mim mesma. Precisava olhar para os outros para ver como sentir e viver. Eu estava com raiva da minha mãe por isso e do meu pai por apoiá-la nisso e por não ter estado presente quando precisei dele. E escolhi dois maridos que, sem saber, me encorajaram a continuar com todos esses padrões. Estou muito feliz por ter me recuperado."

A história de Karen representa algumas das manifestações sutis da codependência. Desde 1986, a irmandade dos 12 Passos dos Codependentes Anônimos (CoDA) ajudou inúmeras pessoas a se recuperarem de seus dolorosos efeitos.

Doença mental crônica ou doença física disfuncional

A doença mental crônica pode variar de sutil e leve a óbvia e incapacitante. Pode incluir qualquer uma das principais doenças mentais e emocionais crônicas listadas e descritas no DSM-IV (*Manual Diagnóstico e Estatístico de Transtornos Mentais,* 4ª edição, da Associação Americana de Psiquiatria).

A seguir, um relato de caso de Bárbara, uma mulher de 56 anos, casada, com quatro filhos e uma carreira profissional:

> "Há quatro anos, finalmente procurei ajuda. Eu sofria de depressão desde a minha infância. Na terapia, descobri que minha mãe tinha sofrido de depressão crônica durante a maior parte de sua vida. Lembro-me de uma vez, quando eu tinha 20 e poucos anos, em que ela me arranjou um encontro com um homem com quem *ela* estava tendo um caso, enquanto ela ainda era casada e morava com meu pai. Eu me senti muito mal por sair com ele. Meu pai era frio e distante tanto de mim quanto de minha mãe. Mais tarde, quando minha mãe foi hospitalizada por causa de uma overdose de sonífero, descobri que meu pai sofrera de impotência durante a maior parte do casamento. Isso era um 'segredo de família', é claro. Desde que me entendo por gente, eu achava que a distância do meu pai e a depressão crônica da minha mãe eram *minha responsabilidade*, e sentia muita vergonha e culpa por isso. Sobrevivi quando criança sendo obediente, indo bem na escola e me concentrando em minha mãe.
>
> Assumi o papel de cuidadora. Quando adolescente, ia à biblioteca e lia tudo o que podia encontrar sobre psicologia na tentativa de curar minha mãe e meu pai. Em minha recuperação na psicoterapia e nas minhas autorreflexões, aprendi que estava fundida com minha mãe, que nossos limites estavam tão emaranhados que eu literalmente acordava todas as manhãs e não sabia como me sentia até olhar para ela e ver como estava se sentindo. Também aprendi que a frieza e a distância de meu pai não tinham nada a ver com o quão boa menina eu era ou com o quanto eu dava duro: tinha a ver com ele.

Aprendi que não precisava mais ser uma vítima. Desde então, tenho me sentido melhor no geral e minha vida está indo melhor. Continuo a trabalhar para me livrar dos meus velhos problemas."

Ao pedir ajuda, Bárbara reconheceu o dano causado a seu Eu Verdadeiro por crescer em uma família problemática, e agora está a caminho da recuperação.

Rigidez extrema, punitivismo, criticismo, desamor, perfeccionismo ou inadequação

Embora o Eu Verdadeiro de muitas pessoas tenha sido substancialmente sufocado, a natureza exata do "problema" em sua família não pode ser facilmente reconhecida ou rotulada. Por exemplo, reconhecer o alcoolismo avançado em um membro da família pode ser relativamente fácil, dada sua evidência. Mas reconhecer uma condição menos óbvia é mais difícil. Observei e tratei centenas de filhos adultos de alcoólatras ou de outros traumas durante sua recuperação de longo prazo.

Cathy era uma mulher de 32 anos que cresceu em uma família problemática. Não havia alcoólatras na família, mas ela se juntou e se desenvolveu como membro de um grupo de terapia para filhos adultos de alcoólatras do qual eu era colíder. Ela representa um número crescente de "filhos adultos de famílias problemáticas ou disfuncionais" ou "filhos adultos do trauma" cujos antecedentes, vida e sofrimento são mais semelhantes do que diferentes dos de filhos adultos de alcoólatras. Quando estava no meio de sua recuperação, ela escreveu o seguinte sobre sua vida:

"Meus pais adotavam a filosofia do 'O que as pessoas vão pensar?'. Em público, nós realmente conseguíamos passar a imagem de 'família perfeita' – éramos todos muito gentis uns com os outros. Em casa, papai passava de sorridente, conversador e brincalhão para uma completa retração, física, verbal e emocional, e mamãe passava a gritar por atenção.

Eu sempre tive uma sensação de que estava 'me preparando' ou me aprontando para algo [...] sempre uma enxurrada de tarefas domésticas para fazer. Eu me sentia mais feliz quando estava no meio de uma tarefa – tinha um papel. E aprendi cedo a tentar conter as tensões antecipando o que precisava ser feito – para tornar as coisas mais fáceis para mamãe. Trabalhei conscientemente para não precisar de nada de ninguém, de modo a, com sorte, reduzir um pouco do meu estresse.

Papai ou nunca estava em casa, ou dormia o tempo todo. Daria no mesmo se tivesse ficado longe. Não me lembro de nenhuma interação com ele a não ser a distância – de ter medo dele, embora ele nunca tenha sido verbal ou fisicamente abusivo. Cresci com um sentimento neutro por meu pai e emoções muito fortes por minha mãe: 'cuidar' dela não sendo um incômodo, não dando a ela nenhum problema, prevendo como ela gostaria que eu fosse. Mais tarde, isso se transformou em um forte ódio pela distância que ela criou entre mim e papai. Durante a maior parte da minha vida adulta, oscilei entre agradá-la e ser muito rebelde em relação aos desejos dela para mim. Sendo a quinta de seis filhos, tenho uma forte lembrança de que papai às vezes não sabia qual eu era. Ele era viciado em trabalho fora de casa. Mamãe era compulsiva com as coisas da casa. Agora estou tentando entrar em contato com alguns dos meus sentimentos sobre meu pai. Lembro-me de viver minha vida em silêncio, esperando que ninguém me enxergasse e, ao mesmo tempo, desejando desesperadamente a atenção de *qualquer um*. Eu estava acima do peso e sempre tentei mudar isso, tentando me esconder por causa da minha aparência.

Continuei com minha vida silenciosa durante o Ensino Médio, sentindo-me protegida e segura sempre que estava em casa. Tinha a sensação de não querer ficar longe do lar. Eu não era como meus irmãos, que praticavam esportes, teatro, oratória etc. Esse padrão continuou na faculdade. Eu não tinha um lugar seguro e protegido para ficar no *campus* e meu peso se tornou um grande problema. Eu não estava dando uma direção para a minha vida e frequentei três faculdades, acabando com um diploma parcial.

Minha vida adulta tornou-se mera sobrevivência. Eu não tinha a capacidade de formar e manter relacionamentos. Eu rompia com qualquer homem com quem estivesse saindo. Abandonava colegas com quem dividia a casa. Largava empregos quando começava a ter incompatibilidade de personalidade com chefes. Eu me mantive longe da minha família em um nível inconsciente. Tornei-me bulímica para controlar o ganho de peso. Namorava homens opostos àqueles que mamãe aprovaria. Comecei a fumar e beber como um sinal do meu 'pensamento independente'.

Eu estava cronicamente deprimida, isolada e comendo ou fazendo dieta compulsivamente. Queria que as pessoas pensassem que eu tinha tudo sob controle e não precisava de nada de ninguém, mas por dentro eu estava tão carente que, sempre que fazia um amigo, esperava que aquela pessoa faria eu me sentir plena.

Entrei para os Comedores Compulsivos Anônimos há 3 anos e meio, devastada por meu ciclo de ingestão compulsiva e vômito, e estou abstendo-me de comer em excesso há um ano. Comecei a frequentar um grupo de terapia ACoA, e sinto que me encaixo nele, assim como me encaixava nos Comedores Compulsivos. Essas pessoas eram exatamente como eu, e eu era muito parecida com elas. Mas logo percebi que o trabalho de recuperação era muito doloroso. Comecei a terapia de grupo ACoA há mais de um ano, frequentando-a semanalmente.

Durante seis meses não senti nenhuma emoção, ou pelo menos não consegui identificar nenhuma. Mas fui exposta a membros do grupo vivenciando sentimentos sobre seus problemas atuais e identificando e revivendo incidentes no passado que eram dolorosos demais para serem sentidos antes.

Comecei a me arriscar a permitir que essas pessoas me conhecessem – motivada em grande medida pelo desejo de me abster de comer demais. Comecei a desenvolver um senso de que o grupo representava uma família segura para que eu me desenvolvesse e passasse a vivenciar o que não consegui em minha própria família. Comecei a ter algumas interações sinceras, embora tivesse medo e não me sentisse merecedora do tempo do grupo, de sua atenção exclusiva. Mas eu estava lentamente adquirindo um senso crescente de autoestima a partir de interações reais e sinceras dentro e fora do grupo. Eu estava aberta para reconhecer que tenho sentimentos, para identificá-los e finalmente os expressar para poder sentir minha cura. Abri mão de padrões destrutivos nos relacionamentos e na forma como me vejo. Eu estava encontrando valor inerente em simplesmente 'ser'. Falei sobre como foi crescer em uma casa onde me sentia invisível. Contar a verdade sobre como enxergo minha história tem sido libertador para mim. Ser sincera comigo mesma tem sido o cerne da recuperação – o que foi difícil de fazer, já que vim para a terapia sem um senso de identidade. Descobri que, para mim, leva tempo até mesmo para ter uma noção de que tenho direito a mim mesma. Levou tempo e precisei encarar várias vezes meus sentimentos para construir um eu saudável, um dia de cada vez, por meio dos Comedores Compulsivos e da terapia de grupo."

Essas famílias – ou outros ambientes familiares – para as quais a história de Cathy serve de exemplo se encaixam em muitas das dinâmicas de uma família problemática ou disfuncional. Algumas condições parentais comuns incluem extrema rigidez e punitivismo, criticismo, perfeccionismo e um relacionamento frio ou não amoroso com os filhos e outros membros da família.

Os pais foram inadequados para administrar as necessidades mentais, emocionais e espirituais da criança.

Esses estados ou condições costumam ser insidiosos, sutis ou ocultos. *Podem ser difíceis de reconhecer sem algum trabalho substancial de recuperação* em grupos de autoajuda, terapia de grupo, aconselhamento individual ou em outras formas de introspecção, compartilhando e ouvindo pessoas de confiança. Externamente, essas famílias não são vistas como problemáticas ou disfuncionais. De fato, elas são frequentemente vistas como "normais" ou "saudáveis". Essa categoria de família problemática ou disfuncional está aberta para mais observações, explorações e pesquisas.

Abuso infantil – físico, sexual, mental-emocional e/ou espiritual

O abuso infantil é comum em todos os tipos de famílias problemáticas. Embora o abuso físico grave e o abuso sexual explícito sejam claramente reconhecíveis como traumáticos para bebês e crianças, outras formas de abuso infantil podem ser mais difíceis de reconhecer como tal. Elas podem incluir abuso físico leve a moderado, abuso sexual encoberto ou menos óbvio, abuso mental e emocional, negligência infantil, e ignorar ou frustrar a espiritualidade ou o crescimento espiritual da criança. Exemplos de abuso sexual encoberto ou mais sutil incluem flerte dos pais, o relato de experiências, histórias ou piadas sexuais; tocar crianças, adolescentes ou mesmo filhos adultos em partes inapropriadas de sua anatomia; e qualquer outro comportamento sexualmente estimulante desnecessário. Essas formas de abuso geralmente resultam em sentimentos profundos de intensa culpa e vergonha que são inconscientemente levados para a vida adulta. Abordarei o abuso emocional com mais detalhes depois.

O abuso espiritual provavelmente será controverso, raramente discutido, mas real. Por exemplo, criar um filho para ser ateu ou membro de uma seita pode parecer um abuso espiritual para alguns pais, mas não para outros. Formas mais sutis ensinadas por algumas religiões organizadas são o forte ensino de uma divindade irada, a inflicção de culpa ou vergonha ou a insistência em que certas *outras* denominações ou sistemas de crenças são automaticamente ruins ou inferiores. Embora estas últimas formas possam ser facilmente observadas em algumas denominações cristãs fundamentalistas, não se limitam de forma alguma a elas, visto que tais características permeiam muitos dos sistemas religiosos de nosso mundo. De fato, esses pontos de vista costumam ser os principais fatores que iniciam e dão continuidade às muitas guerras travadas em todo o mundo.

Outras condições sufocam nosso Eu Verdadeiro. Alguns exemplos podem ser encontrados no transtorno de estresse pós-traumático, discutido no Capítulo 7.

Alguns pontos em comum

Essas sete condições parentais geralmente coexistem misturadas entre famílias problemáticas. O sufocamento da Criança Interior, ou, para usar uma linguagem talvez mais forte, o assassinato da alma da criança (Schatzman, 1973), tem certas dinâmicas comuns dentro da família. Estas podem incluir inconsistência, imprevisibilidade, arbitrariedade e caos (Gravitz; Bowden, 1985). A inconsistência e a imprevisibilidade tendem a reprimir a espontaneidade e são, em geral, "produtoras de loucura". Combinadas com a arbitrariedade, essas dinâmicas podem promover problemas centrais: dificuldade de confiar, medo de abandono, bem como depressão crônica. Elas resultam em um ambiente caótico. Isso impede o desenvolvimento de uma base segura e confiável a partir da qual podemos aprender sobre nós mesmos e sobre os outros por meio da tomada de riscos.

Embora muitas dessas características de famílias problemáticas ou disfuncionais sejam comuns, é possível que nem todas estejam presentes em *todas as famílias problemáticas*.

Inconsistência

Muitas famílias problemáticas são inconsistentes, e algumas não. Uma maneira pela qual muitas famílias problemáticas são consistentes é *negando consistentemente os sentimentos* de muitos membros da família e guardando um ou mais *segredos de família*. Famílias problemáticas rígidas tendem a ser mais consistentes e previsíveis. Por serem excessivas, essas características atuam para controlar e interromper o crescimento familiar e individual.

Imprevisibilidade

Muitas famílias problemáticas são previsíveis na sua imprevisibilidade. Isto é, os membros da família aprendem que podem *esperar* o inesperado a qualquer momento. Em contrapartida, muitos saberão *o que* prever, e até mesmo *quando* prever, embora possam não saber conscientemente disso ou falar sobre isso com outras pessoas. No entanto, costumam viver com medo crônico, como se estivessem "pisando em ovos", de quando sofrerão o próximo trauma.

Arbitrariedade

Arbitrariedade significa que, a despeito de *quem* o membro da família seja e de quanto se empenhe, a pessoa ou pessoas problemáticas ainda o maltratarão da mesma maneira. Em uma família na qual as regras não têm ritmo ou razão, a criança perde a confiança em quem faz as regras (os pais) e em si mesma. Elas são incapazes de entender o ambiente. No entanto, embora as famílias mais rígidas possam ser menos arbitrárias, mesmo assim podem ser problemáticas, dolorosas e disfuncionais, e muitas vezes são arbitrárias quanto à sua rigidez.

Caos

O caos pode se manifestar mediante qualquer uma destas formas: (1) abuso físico ou emocional, que ensina à criança vergonha, culpa e "não sinta"; (2) abuso sexual, que ensina o mesmo, mais desconfiança e medo de perder o controle; (3) crises regulares e repetidas, que ensinam uma orientação de crise para a vida;

(4) comunicações fechadas previsíveis, que ensinam "não fale", "não seja real" e negação; e (5) perda de controle, que ensina obsessão por estar no controle e fusão ou perda de limites ou individuação.

Enquanto as famílias disfuncionais tendem a ser caóticas, em muitas famílias problemáticas o caos é ausente ou mínimo. Nelas, o caos costuma ser sutil em suas manifestações. O caos ativo ou aberto não precisa estar presente para sufocar nossa Criança Interior. Em vez disso, apenas a *ameaça* do caos – seja uma ameaça de crise, de maus-tratos de qualquer tipo, seja de presenciar outro membro da família ser maltratado –, não importa quão simples ou transitória, pode ser igualmente prejudicial. Ela faz isso instalando o medo, que bloqueia que sejamos reais e criativos. Quando não podemos ser reais e criativos, não conseguimos descobrir, explorar e completar nossas histórias e, assim, crescer e nos desenvolver. Não conseguimos ter paz.

Mesmo que o caos ativo ocorra apenas uma ou duas vezes por ano, a ameaça de sua imprevisibilidade, impulsividade e destrutividade para si e para os outros é suficiente para destruir a paz e a serenidade de modo crônico.

Em meio ao caos, seja real, seja apenas uma ameaça, o membro da família pode sentir que isso é tão *rotineiro* e *"normal"* que *não o reconhece* como caos. Esse princípio é verdadeiro para todas as características neste capítulo.

Maus-tratos

Os maus-tratos infantis (ou abuso) em suas várias formas podem ser sutis, embora claramente prejudiciais ao crescimento, ao desenvolvimento e à vitalidade de nosso Eu Verdadeiro. Exemplos são listados no Quadro 5.

Negação de sentimentos e da realidade

Famílias problemáticas tendem a negar sentimentos, especialmente os dolorosos de seus membros. A criança – e muitos adultos – não tem permissão para expressar sentimentos, especialmente aqueles que causam dor (também chamados de "negativos"), como a raiva. No entanto, cada família normalmente tem pelo menos um membro, geralmente o alcoólatra ou alguém com problemas semelhantes, a quem é permitido expressar sentimentos dolorosos abertamente, sobretudo a raiva. Nas famílias em que a raiva é crônica e não é expressa diretamente pelos membros, muitas vezes ela assume outras formas – abuso de si mesmo e dos outros, outros comportamentos antissociais e várias formas de doenças agudas e crônicas, incluindo doenças relacionadas ao estresse. O que a criança enxerga como realidade é negado, e um novo modelo, visão ou falso sistema de crenças da realidade é presumido como verdadeiro por cada membro da família. Essa fantasia muitas vezes une a família de uma maneira ainda mais disfuncional. Essa negação e o novo sistema de crenças sufocam e retardam o desenvolvimento e o crescimento nas cruciais áreas mental, emocional e espiritual de sua vida (Brown, 1986).

Quadro 5. Alguns termos para traumas mentais, emocionais e espirituais que podem ser vivenciados por crianças e adultos

> Abandono
> Negligência
> Abuso:
>   Físico – espancamento, surras, torturas, abuso sexual etc.
>   Mental – abuso sexual oculto (ver a seguir)
>   Emocional – (ver a seguir)
>   Espiritual – (ver a seguir e no texto)
> Envergonhar
> Humilhar
> Degradar
> Infligir culpa
> Criticar
> Desacreditar
> Fazer piadas

- Rir
- Provocar
- Manipular
- Enganar
- Ludibriar
- Trair
- Magoar
- Ser cruel
- Menosprezar
- Intimidar
- Agir com condescendência
- Ameaçar
- Infligir medo
- Dominar alguém ou praticar *bullying*
- Controlar
- Limitar
- Ausentar-se
- Negar amor
- Não levar a sério
- Desacreditar
- Invalidar
- Iludir
- Reprovar
- Fazer pouco ou minimizar sentimentos, desejos ou necessidades
- Quebrar promessas
- Criar falsas esperanças
- Responder inconsistente ou arbitrariamente
- Fazer exigências vagas
- Sufocar
- Dizer "Você não deveria [...] sentir isso ou aquilo", por exemplo, raiva
- Dizer "Se ao menos...", por exemplo, "você fosse melhor ou diferente" ou "Você deveria...", por exemplo, "ser melhor ou diferente" (ver também mensagens negativas no Quadro 6)

Repetindo: embora *descobrir* algumas das condições descritas aqui possa *parecer* desconfortável, *pode ser o início para nos livrarmos de nosso sofrimento e confusão*. Podemos resumir as famílias problemáticas ou disfuncionais como aquelas que incluem pelo menos uma, embora geralmente várias, das seguintes características:

> Negligente
> Tem um ou mais segredos
> Comete maus-tratos
> Não permite sentimentos
> Inconsistente
> Não permite outras necessidades
> Imprevisível
> Rígida (algumas famílias)
> Arbitrária
> Caótica às vezes (incluindo orientação para crises)
> Em negação
> Tranquila e funcional às vezes

Outras características de famílias problemáticas podem incluir uma variedade de negligência e maus-tratos. *Ler e refletir* sobre exemplos de maus-tratos ou traumas pode nos ajudar a encontrar nosso Eu Verdadeiro. Também é útil *ouvir outras pessoas contarem suas histórias de maus-tratos* ou traumas. Mas uma das melhores maneiras de começar a validar os maus-tratos ou traumas sofridos por nós mesmos é *contar nossa própria história* na companhia de pessoas que nos aceitam e nos apoiam e que não trairão nossa confiança nem nos rejeitarão. Chamo essas pessoas de "seguras" ou "seguras e solidárias" e descrevo esses princípios nos capítulos seguintes.

* * *

Que outros fatores ou dinâmicas inibem nossa Criança Interior? No próximo capítulo, enfoco o desenvolvimento da baixa autoestima, a dinâmica da vergonha e regras, afirmações ou mensagens negativas.

CAPÍTULO 6

AS DINÂMICAS DA VERGONHA E DA BAIXA AUTOESTIMA

A VERGONHA E A BAIXA AUTOESTIMA DESEMPENHAM UM PAPEL IMPORtante em sufocar nossa Criança Interior. A vergonha é tanto um *sentimento* ou emoção como uma *experiência* que acontece com o eu total, que é o nosso Eu Verdadeiro ou Criança Interior (Fischer, 1985; Kaufman, 1980; Kurtz, 1981).

É também uma *dinâmica* ou um *processo* que acontece conosco, especialmente quando não temos consciência e às vezes até quando nos tornamos conscientes da verdade a respeito de muitos dos aspectos de nossa vergonha.

Crescer em uma família problemática ou disfuncional quase sempre está associado à vergonha e à baixa autoestima em todos os membros dessa família. O que varia entre os familiares são as manifestações da vergonha. Cada um de nós se adapta à vergonha à sua maneira. A maior semelhança é que quase todo mundo opera principalmente a partir de seu falso eu. Podemos assim descrever a família problemática ou disfuncional como *baseada na vergonha*.

Culpa

É comum que se confunda vergonha com culpa. Embora sintamos ambas, há uma diferença entre elas.

Culpa é o sentimento incômodo ou doloroso que resulta quando se *faz* algo que viola ou quebra um padrão ou valor pessoal, ou quando se fere outra pessoa, ou mesmo quando se quebra um acordo ou uma lei. A culpa, portanto, diz respeito ao nosso *comportamento*, é nos sentirmos mal pelo que fizemos, ou pelo que *não fizemos* e deveríamos ter feito.

Como a maioria dos sentimentos, a culpa pode ser uma emoção útil para ajudar a nos guiar em nossos relacionamentos conosco e com os outros. A culpa nos diz que nossa consciência está funcionando. As pessoas que nunca sentem culpa ou remorso após transgressões têm dificuldades em suas vidas e, classicamente, considera-se que têm um transtorno de personalidade antissocial.

A culpa útil e construtiva é chamada de "saudável". Usamos esse tipo de culpa para viver em sociedade, para resolver nossos conflitos ou dificuldades, para corrigir nossos erros ou para melhorar nossos relacionamentos. Quando a culpa é prejudicial para nossa serenidade, nossa paz de espírito e nosso funcionamento – incluindo nosso crescimento mental, emocional e espiritual –, nós a chamamos de culpa "não saudável". Pessoas de lares ou ambientes problemáticos ou disfuncionais geralmente têm uma mistura de culpa saudável e não saudável. A culpa não saudável persiste por geralmente não ser tratada ou trabalhada, tornando-se, às vezes, psicológica e emocionalmente incapacitante. Nossa "responsabilidade" com a família supera nossa responsabilidade com nosso Eu Verdadeiro. Também pode haver a culpa do "sobrevivente", em que a pessoa se sente culpada e indigna por ir embora e abandonar outras pessoas em um ambiente conturbado ou permanecer vivo depois de outros terem fracassado (consulte também o Capítulo 7 sobre transtorno de estresse pós-traumático para saber mais sobre culpa de sobrevivente).

A culpa pode ser aliviada substancialmente quando se reconhece sua presença e, então, quando é *trabalhada*. Isso significa vivenciá-la e discuti-la com pessoas confiáveis e apropriadas. Em sua resolução mais simples, podemos nos desculpar com a pessoa a quem prejudicamos ou enganamos e pedir seu perdão. Em suas formas mais complexas, talvez tenhamos que falar sobre a culpa com mais profundidade, talvez em terapia de grupo ou individual.

A culpa geralmente é mais fácil de reconhecer e resolver do que a vergonha.

Vergonha

A vergonha é o sentimento desconfortável ou doloroso que experimentamos quando percebemos que uma parte de nós é defeituosa, má, incompleta, corrompida, falsa, inadequada ou fracassada. Em contraste com a culpa, quando nos sentimos mal por *fazer* algo errado, sentimos vergonha por *ser* algo errado ou ruim. Assim, a culpa parece ser corrigível ou perdoável, ao passo que parece não haver saída para a vergonha.

Nossa Criança Interior ou Eu Verdadeiro *sente a vergonha* e *pode expressá-la*, de maneira saudável, para pessoas seguras e solidárias. Nosso falso eu, por sua vez, finge não ter vergonha e nunca falaria com ninguém sobre isso.

Todos nós temos vergonha. A vergonha é universal ao ser humano. Se não a trabalharmos e depois a deixarmos partir, a vergonha tende a se acumular e a nos sobrecarregar cada vez mais, até que nos tornamos sua vítima.

Além de nos sentirmos defeituosos ou inadequados, a vergonha nos faz acreditar que os outros podem ver através de nós, através de nossa fachada e em nossa imperfeição. A vergonha parece desesperadora: não importa o que façamos, não podemos corrigi-la (Fischer, 1985; Kaufman, 1980). Sentimo-nos isolados e solitários com a nossa vergonha, como se fôssemos os únicos a sentir essa dor.

Além disso, podemos dizer: "Tenho medo de lhe contar sobre minha vergonha porque, se o fizer, você pensará que sou ruim, e não suporto ouvir sobre como sou ruim". E, portanto, não apenas a guardo para mim, mas muitas vezes a bloqueio ou finjo que não está lá.

Posso até disfarçar minha vergonha como se fosse algum outro sentimento ou ação e depois *projetar* isso nas *outras pessoas*. Alguns desses sentimentos e ações que podem mascarar ou conter nossa vergonha são:

› Raiva
› Ressentimento

- Ódio
- Transferência de culpa
- Desprezo
- Ataque
- Controle
- Perfeccionismo
- Negligência ou retraimento
- Abandono
- Decepção e comportamento compulsivo

E, quando sinto ou atuo a partir de qualquer um desses disfarces, isso serve a um propósito útil para meu eu codependente ou falso – esses disfarces agem como uma *defesa* para que eu *não sinta* a vergonha. Mas, embora eu possa me defender bem da minha vergonha, ela ainda pode ser vista pelos outros, por exemplo, quando baixo a cabeça, ando curvado, evito contato visual ou me desculpo por ter necessidades e direitos. Posso até me sentir com náusea, com frio, retraído ou alienado (Fischer, 1985). Independentemente de quão bem eu possa defender a mim e aos outros contra isso, minha vergonha não vai embora – a menos que eu aprenda o que ela é, a vivencie e a compartilhe com pessoas seguras e solidárias.

Um exemplo do disfarce que nossa vergonha pode assumir aconteceu em uma terapia de grupo quando Jim, um contador de 35 anos, começou a contar ao grupo sobre seu relacionamento com o pai, que mora em outro estado. "Toda vez que falamos ao telefone, ele tenta me julgar. Fico tão confuso que tenho vontade de desligar." Jim conversou mais e interagiu com o grupo, que perguntou a ele quais sentimentos estavam surgindo para ele naquele momento. Ele tinha alguma dificuldade em perceber e identificar seus sentimentos e fazia pouco contato visual com o grupo. "Só estou confuso. Eu sempre quis ser perfeito perto dele. E nunca fui perfeito o bastante para contentá-lo." Ele falou mais, e o grupo perguntou novamente quais sentimentos estavam surgindo para ele. "Sinto um pouco de medo, um pouco de mágoa, e acho que estou com um pouco de raiva." Como líder do grupo, também perguntei se ele poderia estar sentindo um pouco de vergonha, como se fosse uma pessoa inadequada. Ele disse: "Não. Por que você acha isso?". Salientei que seu desejo de ser perfeito, sua evitação de contato visual e a maneira como ele descreveu seu relacionamento com o pai me sugeriram que ele estava sentindo alguma vergonha. Uma lágrima surgiu em seus olhos, e ele disse que teria que pensar sobre isso.

De onde vem nossa vergonha?

Nossa vergonha parece vir do que fazemos com as mensagens, afirmações, crenças e regras negativas que ouvimos à medida que crescemos. Nós as ouvimos de nossos pais, figuras parentais e outras pessoas com autoridade, como professores e religiosos. Essas mensagens basicamente nos dizem que, em algum aspecto, não estamos nos saindo bem. Que nossos sentimentos, nossas necessidades, nosso *Eu Verdadeiro*, nossa *Criança Interior* não são aceitáveis.

Repetidamente, ouvimos mensagens como "Que vergonha de você!", "Você é tão ruim!", "Você não é bom o suficiente". Nós as ouvimos com tanta frequência, e de pessoas de quem somos tão dependentes e a quem somos tão vulneráveis, que acreditamos nelas. E assim nós as incorporamos ou *internalizamos* em nosso próprio ser.

Como se isso não bastasse, a ferida é *agravada* por regras negativas que sufocam e proíbem a *expressão* saudável, curativa e necessária de nossas dores (Quadro 6). Regras como "Não sinta", "Não chore" e "As crianças devem ser vistas, e não ouvidas". E, assim, não apenas aprendemos que somos ruins, mas também que não devemos falar abertamente sobre nada disso.

No entanto, essas regras negativas são muitas vezes aplicadas de forma inconsistente, conforme descrito no capítulo anterior. O resultado? Dificuldade em confiar em quem faz as regras e em figuras de autoridade, e sentimentos de medo, culpa e mais vergonha. E onde nossos pais aprendem essas mensagens e regras negativas? Provavelmente dos pais *deles* e de outras figuras de autoridade. Esse é um exemplo de feridas traumáticas da infância (aqui como abuso emocional) sendo transmitido de uma geração para a outra.

Quadro 6. Regras e mensagens negativas comumente ouvidas em famílias alcoólatras ou com outros problemas

Regras negativas
- Não expresse seus sentimentos
- Não fique com raiva
- Não fique chateado
- Não chore
- Faça o que eu digo, não o que eu faço
- Seja bom, "agradável", perfeito
- Evite conflitos (ou evite lidar com conflitos)
- Não pense ou fale; apenas siga as instruções
- Vá bem na escola, acima de tudo
- Não faça perguntas
- Não traia a família
- Não fale sobre a família com gente de fora; guarde o(s) segredo(s) de família
- Seja visto, e não ouvido!
- Não responda
- Não me contradiga
- Sempre pareça estar bem
- Eu estou sempre certo, você está sempre errado
- Esteja sempre no controle
- Concentre-se no hábito de beber do alcoólatra (ou no comportamento da pessoa problemática)
- Beber (ou outro comportamento problemático) não é a causa dos nossos problemas
- Mantenha sempre o *status quo*
- Todos na família devem ser um facilitador da disfunção

Mensagens negativas
- Você devia se envergonhar
- Você não é bom o suficiente
- Eu gostaria de nunca ter tido você
- Eu não concordo com as suas necessidades
- Apresse-se e cresça
- Seja dependente
- Seja homem
- Meninos não choram
- Seja boazinha (ou uma dama)
- Você não se sente assim
- Não seja assim
- Você é tão burro (ou ruim etc.)
- Você causou isso
- Você deve isso a nós
- Claro que te amamos!
- Estou me sacrificando por você
- Como você pôde fazer isso comigo?
- Nós não vamos te amar se você...
- Você está me deixando louco!
- Você nunca vai conseguir nada
- Não foi nada
- Você é tão egoísta
- Você ainda vai me matar
- Isso não é verdade
- Eu prometo (e quebra a promessa)
- Tenho nojo de você!
- Queríamos um menino/menina
- Você _____

A família baseada na vergonha

Quando todos em uma família disfuncional funcionam e se comunicam com os outros a partir de uma base de vergonha, essa família pode ser descrita como *baseada na vergonha*.

Os pais em tal família não tiveram suas necessidades atendidas quando bebês e crianças, nem geralmente quando estão na idade adulta. Eles costumam usar seus filhos para suprir muitas dessas necessidades não atendidas (Miller, 1981; 1983; 1984; 1986).

Famílias baseadas na vergonha muitas vezes, embora nem sempre, têm um segredo, que pode abranger todos os tipos de condições "vergonhosas", desde violência familiar a abuso sexual, alcoolismo e ter estado em um campo de concentração. Ou o segredo pode ser tão sutil quanto a perda de um emprego, de uma promoção ou de um relacionamento. Manter tais segredos incapacita todos os membros da família, *quer eles conheçam, quer não o segredo* (Fischer, 1985). Isso ocorre porque manter o segredo impede a expressão de perguntas, preocupações e sentimentos (como medo, raiva, vergonha e culpa). E a família, portanto, não pode se comunicar livremente. E a Criança Interior de cada membro da família permanece sufocada – incapaz de crescer e se desenvolver.

Limites

Paradoxalmente, embora a família possa se comunicar mal, seus membros estão altamente conectados emocionalmente e pela negação e lealdade em manter o segredo. Frequentemente, um ou mais membros são disfuncionais em alguma capacidade, então outros membros assumem seus papéis. De um jeito ou de outro, todo mundo aprende a cuidar da vida dos demais. O resultado é um grupo de membros da família que estão *enredados*, fundidos ou que invadiram ou até ultrapassaram os limites e o espaço pessoal uns dos outros. Esquematicamente, os limites de pessoas saudáveis e individualizadas se parecem com o seguinte:

Relacionamento   Amizade
    casual   próxima

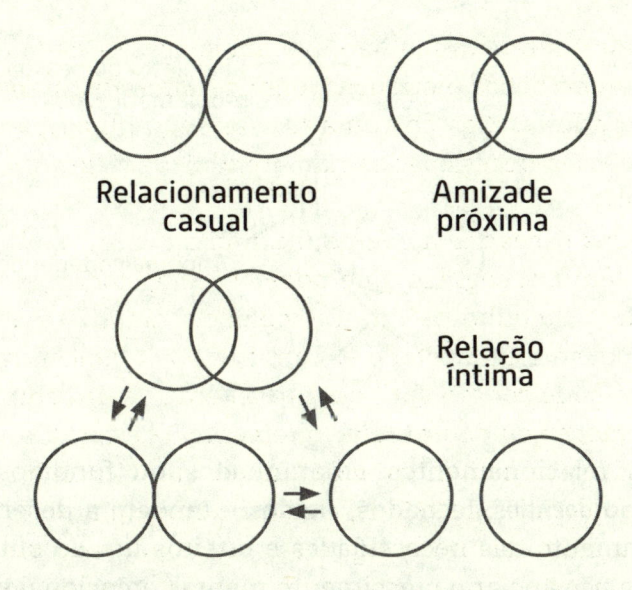

                    Relação
                    íntima

Relacionamentos saudáveis são abertos e flexíveis, permitem a satisfação de algumas necessidades e direitos uns dos outros e apoiam o crescimento mental-emocional e espiritual de cada pessoa. Embora muitas vezes sejam íntimos e próximos, sua intensidade tem um fluxo e refluxo flexível, que respeita as necessidades de cada membro e permite que cada um cresça como indivíduo.

Em contraste, o relacionamento emaranhado ou fundido pode esquematicamente se parecer com algo assim:

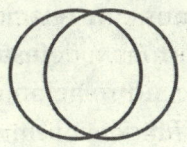

Ou, no caso de uma família disfuncional ou problemática, assim:

Alcoólatra ou pessoa problemática

Cônjuge codependente

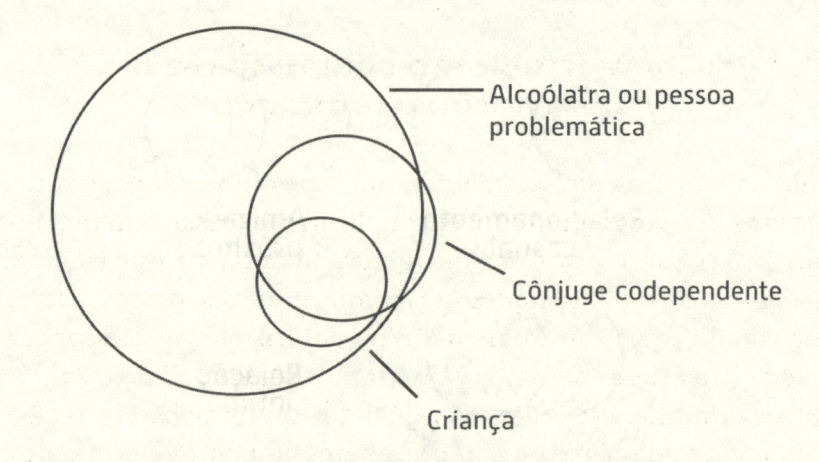

Criança

Esses relacionamentos emaranhados ou fundidos geralmente são *doentios*, fechados, rígidos e tendem a desencorajar o cumprimento das necessidades e direitos um do outro. Eles tendem a *não* apoiar o crescimento mental, emocional e espiritual de cada pessoa. Pouco ou nenhum fluxo e refluxo da proximidade e distanciamento é permitido. As histórias de Karen e Bárbara ilustram esses limites doentios ou fundidos.

Para sobreviver em um relacionamento tão emaranhado, geralmente usamos várias defesas, como a negação (do segredo, de nossos sentimentos e de nossa dor) e a projeção de nossa dor nos outros (atacando, culpando e rejeitando) (Course, 1976). No entanto, *quando deixamos* que o relacionamento se baseie na vergonha, mesmo que tenhamos sobrevivido e ainda estejamos sobrevivendo, essa postura codependente e fundamentada na vergonha de medo, culpa, negação e ataque tende a não funcionar para nós. Quando deixamos um relacionamento doentio e tentamos usar as mesmas formas e defesas de relacionamento que usávamos para sobreviver no relacionamento doentio, *essas formas e defesas tendem a não funcionar bem no relacionamento saudável*.

A pessoa baseada na vergonha quase sempre está envolvida de alguma forma com uma ou mais pessoas. Enquanto estamos em um relacionamento disfuncional e baseado na vergonha, podemos sentir que estamos perdendo a cabeça, enlouquecendo. Quando tentamos testar a realidade, somos incapazes de confiar em nossos sentidos, nossos sentimentos e nossas reações.

Comportamento compulsivo e a compulsão à repetição

Quando vivemos nossa vida com uma postura codependente e baseada na vergonha, concentrando-nos excessivamente nos outros, é natural sentirmos que algo está faltando, que estamos de alguma forma incompletos. Ficamos infelizes, tensos, vazios, angustiados, nos sentimos mal e/ou entorpecidos. Mas ser real parece ameaçador para nós. Já tentamos ser verdadeiros com os outros e muitas vezes fomos rejeitados ou punidos por isso. E, então, ser verdadeiro novamente, expressar nossos sentimentos e satisfazer nossas outras necessidades parece muito assustador. Além disso, não estamos acostumados a fazer isso. Assim, nos defendemos contra a percepção de nossas reais necessidades e sentimentos (Figura 1).

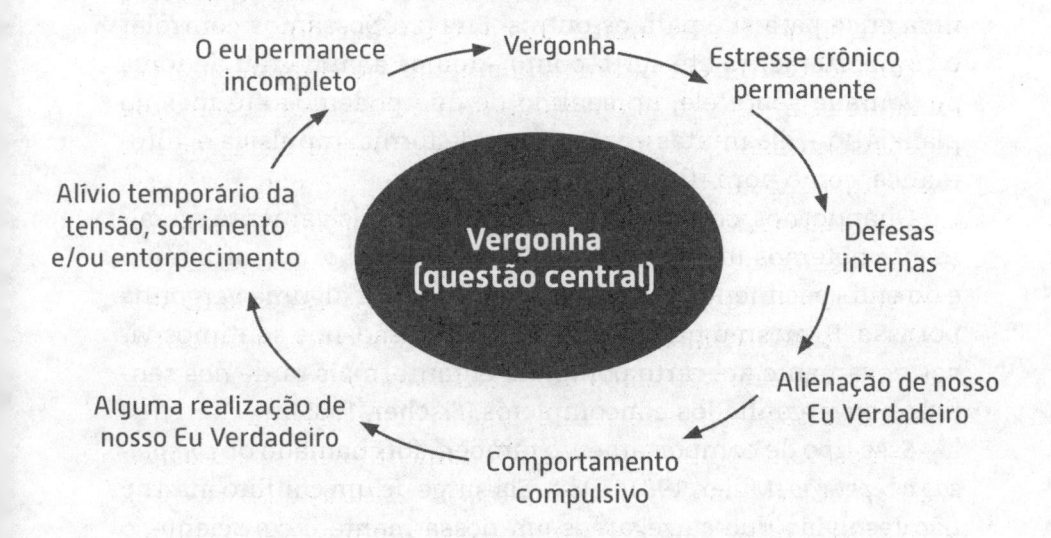

Figura 1. Ciclo da vergonha e do comportamento compulsivo. Fonte: modificada de Fischer, 1985, com permissão.

Mas nosso Eu Real, agora alienado e escondido de nós, tem um desejo inato e energia para se expressar. Secretamente, queremos sentir sua vitalidade e sua criatividade. Preso por tanto tempo, atolado no dilema entre se aproximar e se afastar, sua única saída é através de uma forma específica de comportamento compulsivo negativo que funcionou para nós no passado, mesmo que ao fazer isso possamos conseguir apenas um vislumbre de nosso Eu Verdadeiro. Tais ações compulsivas abrangem um amplo espectro de comportamentos possíveis, desde o uso pesado de álcool ou outras drogas, até relacionamentos curtos e intensos, passando por tentar controlar outra pessoa. Pode envolver excessos na alimentação, excesso de sexo, excesso de trabalho, excesso de gastos ou até mesmo excesso de frequência em reuniões de grupos de autoajuda.

Esse comportamento compulsivo tende a ser negativo de alguma forma, como a autodestruição ou a destruição dos outros. Pode produzir uma crise como efeito colateral ou precipitar uma crise para si e para os outros. Embora possamos controlar o comportamento até certo ponto – temos algum grau de força de vontade sobre ele, no sentido de que podemos até mesmo planejá-lo –, ele muitas vezes ocorre de forma impulsiva e automática, como por reflexo.

Quando nos comportamos assim compulsivamente, geralmente obtemos um alívio temporário da tensão, do sofrimento e do entorpecimento, embora possamos sentir alguma vergonha por isso. E, mesmo que seja de curta duração, nos sentimos vivos novamente até certo ponto. No entanto, mais tarde nos sentimos envergonhados e incompletos (Fischer, 1985).

Esse tipo de comportamento também foi chamado de *compulsão à repetição* (Miller, 1981; 1983). Ela surge de um conflito interno não resolvido que carregamos em nossa mente inconsciente, o lugar dentro de nós do qual geralmente não temos percepção.

Uma saída

A partir da experiência de recuperação de centenas de milhares de pessoas, sabemos que existe uma maneira eficaz de escapar desse efeito limitador e restritivo da vergonha: contar a história de nosso trauma e dor a pessoas seguras e solidárias.

O que expomos e compartilhamos é nossa Criança Interior, nosso Eu Verdadeiro, com todas as suas fraquezas e todas as suas forças. Não podemos curar nossa vergonha sozinhos. Precisamos dos outros para nos ajudar a nos curar. Eles validam nossas dificuldades e nossa dor e nos aceitam como somos. E, quando ouvimos os outros contando suas histórias e compartilhando sua vergonha, nós os ajudamos a curar *sua* vergonha. Fazer isso nos ajuda a todos. Ao compartilhar e ouvir, começamos a praticar os princípios da compaixão e do amor incondicional.

Tal compartilhamento e narrativa é ouvido e visto inúmeras vezes a cada dia, seja em grupos de autoajuda, terapia de grupo, terapia individual, seja entre amigos íntimos.

Bloqueios para a cura

Ao começarmos a curar nossa vergonha, podemos encontrar obstáculos *dentro de nós* que nos impedem de prosseguir com a cura. Esses obstáculos incluem: (1) *atitudes* negativas que podemos ter sobre nós mesmos; (2) memórias de expressões faciais ou outras *imagens* de pessoas que nos fizeram sentir vergonha no passado e que agora vemos em outras pessoas e possivelmente em nós mesmos; e (3) o ofuscamento ou *restrição* pela vergonha de algumas áreas importantes de nossas vidas (Fischer, 1985). Essas áreas podem incluir o seguinte:

1) Nossos sentimentos.
2) Nossos impulsos saudáveis (por exemplo, sexualidade, agressão, fome e necessidade de intimidade).
3) Nossas necessidades (ver Capítulo 4 e Quadro 2).
4) Nossos pensamentos (por exemplo, especialmente quaisquer pensamentos "ruins").

Regressão de idade

Por exemplo, sempre que nos sentimos magoados por uma figura de autoridade, como um de nossos pais, podemos sentir raiva. No entanto, a raiva rapidamente se transforma ou é encoberta por um sentimento de vergonha. Também podemos começar a sentir medo e confusão. Como todos esses sentimentos podem começar a parecer avassaladores, como se pudéssemos perder o controle, rapidamente reprimimos todos eles e ficamos entorpecidos. Durante isso, e por vários minutos depois, podemos nos tornar disfuncionais em vários graus. Todo esse processo pode levar apenas alguns segundos, mas podemos nos sentir como se fôssemos crianças indefesas novamente. Tal ocorrência foi chamada de *regressão de idade* ou reversão a um mecanismo de sobrevivência anterior.

Tom é um advogado de 45 anos e pai de dois filhos. Ele contou em terapia de grupo sobre sua descoberta de regressão a uma idade mais jovem.

"Levei 45 anos para perceber o que acontecia quando meu pai me rebaixava. No mês passado, quando visitei ele e minha mãe, cinco minutos depois de chegar, meu pai tentou me rebaixar fazendo uma piada sobre eu ser advogado. Ele disse: 'Lá vem o advogado vigarista', e então olhou para mim, minha mãe, irmão e irmã para ver se iríamos rir com ele. Com a ajuda deste grupo, percebi como eu reagia. De repente me senti confuso, impotente e com raiva, como se tivesse 5 anos de novo. Baixei a cabeça e fiquei entorpecido. Foi uma sensação horrível que experimentei centenas de vezes enquanto crescia, e ainda sinto quando ele faz isso. Eu também tenho isso perto de pessoas que tentam me provocar ou me julgar. O que estou percebendo é que fazer isso é uma de suas principais formas de lidar com conflitos ou tensões em nossa família. Ele tenta fazer uma piada, provocar ou rebaixar quem quer que esteja em conflito com ele. A outra maneira dele era *largar* a pessoa, sabe, abandoná-la, para que o conflito nunca fosse resolvido. Então, estou praticando reconhecer quando eu regrido em idade e respirando fundo, caminhando um pouco para recuperar minha sanidade para poder lidar com ele ou pessoas como ele. Agora estou estabelecendo limites com meu pai quando ele faz isso. Digo a ele: 'Não gosto quando você brinca assim sobre minha carreira e não vou mais visitá-lo se continuar fazendo isso'."

Lidando com a regressão de idade

Podemos começar a nos libertar de uma restrição por vergonha ou de uma regressão de idade tomando consciência disso. Quando isso ocorrer, nós o reconhecemos. E, quando o reconhecermos, faremos *várias respirações lentas e profundas*. Fazer isso nos aliviará de nossa confusão, entorpecimento e disfunção e nos permitirá aumentar a consciência do que está acontecendo, de modo a podermos assumir melhor o controle de nós mesmos. Em vez de ficarmos paralisados, confusos e disfuncionais, nós nos trazemos de volta para o nosso Eu Verdadeiro. E continuamos a funcionar como nosso Eu Verdadeiro *levantando-nos* e *caminhando, observando a realidade* ao nosso redor. Se estivermos com pessoas seguras e solidárias, podemos então começar a falar sobre como nos sentimos. Também podemos *deixar* a pessoa que está nos maltratando. Mesmo que não a deixemos, podemos conseguir algum conforto *segurando as chaves do carro*, um símbolo de nossa capacidade de ir embora.

Também descobrimos que a regressão de idade pode até ser *vantajosa* para nós. Ela nos diz imediatamente que *estamos sendo maltratados*! Ou estamos sendo lembrados de que fomos maltratados. E, quando sabemos que estamos sendo maltratados, podemos explorar maneiras de agir para *remediar a situação* e *evitar os maus-tratos*.

Sabemos que há uma saída. Estamos começando a curar nossa Criança Interior.

CAPÍTULO 7

O PAPEL DO ESTRESSE: O TRANSTORNO DE ESTRESSE PÓS-TRAUMÁTICO

O TRANSTORNO DE ESTRESSE PÓS-TRAUMÁTICO (TEPT) É UMA CONDIção que pode afetar alguém que, além de ter sua Criança Interior sufocada e atrofiada, também fica abertamente doente devido ao estresse repetido e a seus traumas extremos. O TEPT interage com a dinâmica da codependência a tal ponto de muitas vezes essas duas condições se sobreporem. O que Kritsberg (1986) descreve como "choque crônico" entre filhos de alcoólatras pode ser equiparado ao TEPT.

O TEPT pode ocorrer em um espectro de manifestações, desde medo ou ansiedade, até depressão, irritabilidade fácil, comportamento impulsivo ou mesmo explosivo e entorpecimento. Para determinar se o TEPT está presente, o *DSM III* e o *IV* (1980; 1994) sugerem que as quatro condições a seguir estejam presentes.

Estressor reconhecível

A primeira é um histórico ou a presença contínua de um *estressor* reconhecível. Alguns exemplos e graus de estressores são mostrados no *DSM III* e reproduzidos de forma modificada no Quadro 7. Embora existam inúmeros outros exemplos, coloquei em itálico vários dos estressores encontrados em famílias problemáticas ou disfuncionais.

A partir dessa pequena lista de exemplos, pode-se perceber que os estressores são comumente encontrados em famílias e ambientes que tendem a sufocar o Eu Verdadeiro. No entanto, para determinar a presença de TEPT, o tipo de estressor deve estar fora da gama normal da experiência humana. Exemplos de tais estressores podem incluir agressão, estupro ou outros abusos sexuais, lesões físicas graves, tortura, experiências em campos de concentração, inundações, terremotos, combates militares e similares. Acredito, assim como outros (Cermak, 1985), que crescer ou viver em uma família seriamente problemática ou disfuncional ou em um ambiente semelhante geralmente esteja associado ao TEPT. Diz-se que o TEPT é mais prejudicial e mais difícil de tratar se: (1) os traumas ocorrem durante um período *prolongado* de tempo, por exemplo, mais de seis meses; e especialmente se (2) os traumas forem de *origem humana*; e se (3) as pessoas ao redor da pessoa afetada tendem a *negar* a existência do estressor ou do estresse. Todos os três estão presentes em uma família ativamente alcoólatra e em famílias problemáticas semelhantes.

Quadro 7. Classificação da gravidade dos estressores psicossociais

Termo de código	Exemplos de adultos	Exemplos de crianças/adolescentes
1. **Nenhum**	Nenhum estressor psicológico aparente	Nenhum estressor psicológico aparente
2. **Mínimo**	Violação leve da lei; pequeno empréstimo bancário	Férias com a família
3. **Leve**	Discussão com o vizinho; mudança de horário de trabalho	Mudanças de professor; novo ano escolar

4. **Moderado**	Nova carreira, morte de um ente próximo; gravidez	*Brigas crônicas entre os pais; mudança para uma nova escola; doença de um parente próximo; nascimento de um irmão*
5. **Severo**	*Doença grave, de si ou de alguém da família*; grande perda financeira; *separação* conjugal; nascimento de uma criança	Morte de um amigo; *divórcio dos pais; prisão; hospitalização, castigos cruéis e persistentes pelos pais*
6. **Extremo**	*Morte* de um parente próximo; *divórcio*	Morte de um dos pais ou de irmãos; *abuso físico/sexual repetido*
7. **Catastrófico**	Experiência em campo de concentração; desastre natural devastador	*Múltiplas mortes na família*

Fonte: DSM III.

Revivendo o trauma

A segunda condição ou manifestação é reviver o trauma. Pode ser um histórico de lembranças recorrentes e intrusivas do trauma, pesadelos recorrentes ou sintomas súbitos de revivência do trauma, muitas vezes com batimentos cardíacos acelerados, pânico e sudorese.

Entorpecimento psíquico

Uma característica marcante do Eu Verdadeiro é que ele sente e expressa sentimentos (Capítulo 3, Quadro 1). O falso eu nega e encobre sentimentos genuínos. Essa condição avançada, chamada entorpecimento psíquico, é característica do TEPT. Pode manifestar-se por uma redução ou ausência de sentimentos e da expressão de sentimentos, o que muitas vezes resulta em uma sensação de estranhamento, retraimento, isolamento ou alienação. Outra manifestação pode ser uma diminuição do interesse em atividades importantes da vida.

Descrevendo o entorpecimento psíquico, Cermak (1986) escreve: "Durante momentos de estresse extremo, soldados na linha de frente são frequentemente convocados a agir independentemente de como estão se sentindo. Sua sobrevivência depende de sua capacidade de suspender sentimentos em favor da tomada de medidas para garantir sua segurança. Infelizmente, a 'divisão' resultante entre o eu da pessoa e sua experiência não se cura facilmente. Não desaparece gradativamente com o passar do tempo. Até que um processo ativo de cura ocorra, o indivíduo continua a experimentar uma *limitação de sentimentos, uma diminuição da capacidade de reconhecer quais sentimentos* estão presentes e uma *sensação persistente de estar isolado do ambiente* (despersonalização). O somatório disso é uma condição conhecida como entorpecimento psíquico".

Outros sintomas

Outro sintoma de TEPT pode ser ou *hiperalerta* ou a *hipervigilância*. A pessoa fica tão afetada e com medo do estresse contínuo que está constantemente em alerta para todos e quaisquer potenciais estressores ou perigos semelhantes e como evitá-los. Ainda outro sintoma é a *culpa do sobrevivente* – culpa sentida depois de escapar ou evitar parte do trauma quando outros ainda estão sob o efeito dele. Embora se diga que a culpa do sobrevivente leva ao sentimento de que ele traiu ou abandonou os outros, e então, muitas vezes, à depressão crônica, acredito que vários outros fatores provocam depressão crônica, principalmente o sufocamento da Criança Interior (Whitfield, 2003).

Outro sintoma pode ser *evitar atividades associadas* ao trauma. Um sintoma final, não listado no *DSM III* ou *IV*, é a personalidade múltipla. Pessoas com múltiplas personalidades geralmente vêm de famílias altamente problemáticas, estressadas ou disfuncionais. Talvez as personalidades múltiplas sejam muitas vezes ramificações do falso eu, impulsionadas, em parte, pelas energias do Eu Verdadeiro para se expressar e sobreviver.

Cermak (1985) sugere que a dinâmica da condição conhecida como "filho adulto de alcoólatra", "síndrome CoA" ou outros termos semelhantes são uma combinação de *TEPT* e *codependência*. Pela minha experiência tratando ACoAs e acompanhando-os em sua recuperação, bem como tratando filhos adultos de *outros tipos* de famílias problemáticas ou disfuncionais, acredito que TEPT e codependência provavelmente fazem parte de muitas famílias problemáticas ou disfuncionais. Além disso, acredito que, de alguma forma, o TEPT é apenas uma extensão extrema da ampla condição que resulta de qualquer forma de sufocamento do Eu Verdadeiro. Quando não nos é permitido lembrar, expressar nossos sentimentos e lamentar ou vivenciar o luto por nossas perdas ou traumas, sejam reais, sejam ameaças, por meio da livre expressão de nossa Criança Interior, adoecemos. Assim, podemos considerar a visualização de um espectro de luto não resolvido como começando com sintomas leves ou sinais de luto, passando para codependência e, então, para TEPT. Uma linha comum nesse espectro é a expressão bloqueada de nosso Eu Verdadeiro.

O tratamento do TEPT consiste em terapia de grupo de longo prazo com outras pessoas que sofrem da doença e geralmente, conforme necessário, aconselhamento individual de curto prazo. Muitos dos princípios de tratamento para curar nossa Criança Interior são úteis no tratamento do TEPT.

Cermak (1986) disse: "Os terapeutas que trabalham com sucesso com essa população aprenderam a respeitar a necessidade do cliente de manter sob controle seus sentimentos. O processo terapêutico mais eficaz consiste em oscilar entre revelar sentimentos e encobri-los novamente, e é precisamente essa capacidade de modular seus sentimentos que os clientes de TEPT perderam. [Eles] devem se sentir seguros de que sua capacidade de bloquear suas emoções nunca será tirada deles, e, em vez disso, será respeitada como uma ferramenta importante para a vida. O objetivo inicial da terapia aqui é ajudar os clientes a acessarem mais livremente seus sentimentos, com a certeza de que podem se distanciar deles novamente se começarem a se sentir sobrecarregados. Quando os filhos de lares de dependentes químicos, os filhos adultos de alcoólatras e outros clientes de TEPT passam a acreditar que você não vai privá-los de seus mecanismos de sobrevivência, é mais provável que permitam que seus sentimentos venham à tona, mesmo que apenas por um momento. E esse momento será um começo".

CAPÍTULO 8

COMO PODEMOS CURAR NOSSA CRIANÇA INTERIOR?

Para redescobrir nosso Eu Verdadeiro ou Real e curar nossa Criança Interior, podemos iniciar um processo que envolve estas quatro ações:

1) Descobrir e praticar o nosso *Eu Real* ou Criança Interior.
2) Identificar nossas atuais necessidades físicas, mentais-emocionais e espirituais. Praticar a *satisfação* dessas necessidades com pessoas seguras e solidárias.
3) Identificar, reviver e *passar pelo luto* da dor de nossas *perdas* ou *traumas* não lamentados na presença de pessoas seguras e que nos apoiem.
4) Identificar e trabalhar os nossos *problemas centrais* (descritos a seguir e em outros lugares – Whitfield, 1995; 2003).

Essas ações estão intimamente relacionadas entre si, embora não estejam listadas em nenhuma ordem específica. Trabalhar nelas e, assim, curar nossa Criança Interior geralmente ocorre de maneira circular, com o trabalho e a descoberta em uma área conectando-se com as demais.

Estágios do processo de recuperação

Sobrevivência

Para chegar ao ponto de recuperação, devemos sobreviver. Sobreviventes são necessariamente codependentes. Usamos muitas habilidades de enfrentamento e "defesas do ego" para tal.

Filhos de alcoólatras e de outras famílias problemáticas ou disfuncionais sobrevivem esquivando-se, escondendo-se, negociando, cuidando dos outros, fingindo, negando e aprendendo e adaptando-se para permanecerem vivos usando qualquer método que funcione. Eles aprendem outros mecanismos de defesa do ego, muitas vezes não saudáveis, conforme descrito por Anna Freud (1936) e resumido por Vaillant (1977). Estes incluem: intelectualização, repressão, dissociação, deslocamento e formação reativa (todos os quais, se usados em excesso, podem ser considerados neuróticos) e projeção, comportamento passivo-agressivo, atuação, hipocondria, grandiosidade e negação (todos os quais, se usados em excesso, podem ser considerados imaturos e às vezes psicóticos).

Embora essas defesas sejam funcionais para sobreviver à nossa família disfuncional, elas tendem a funcionar mal para nós quando adultos. Quando tentamos participar de um relacionamento saudável, elas tendem a não agir em nosso benefício. Usá-las sufoca e atrapalha nossa Criança Interior e promove e reforça nosso falso eu ou eu codependente.

Ginny era uma mulher de 21 anos que cresceu em uma família alcoólatra. No início de sua recuperação, ela escreveu o seguinte poema, que exemplifica um pouco da dor do estágio de sobrevivência:

Medo da noite

Como a criança esperando no meio da noite
Por mãos e braços quentes que abracem
Sua solidão:
Desfazer-se em lágrimas de súbita segurança –
E de amor.
Eu também, na solidão escura do eu não amado,
Sem âncora, abandonada e negada,
Ainda invoco com silenciosos gritos infantis
a antiga esperança –
A velha e segura magia do desejo.

A criança ainda vive em mim
Com aquela dor ansiosa de inocência desnorteada
E traída. Ah, esse doloroso paradoxo.
Sentir o resgate,
E saber que não há nenhum.
Mas movida por velhos sonhos, pálidas, mas poderosas,
Lembranças do doce e terno toque do amor,
Eu espero.

Alguém espera. Alguém sempre espera.
Está esquecida – aquela necessidade sem nome
Que os anos expulsaram do meu coração baldio.
Mas, como uma força primitiva e informe,
Ela acena, tumultua minha realidade,
Embota a rígida razão.

E eu fico grotesca de desejo impotente,
Voltando minha mente para dentro, para trás.
Embotada, também, é a dor de memórias jovens
Que enfraquecem e desafiam,
Submetem-se e depois morrem.

Eu não vivo;
*Eu espero em tal desesperança.*⁷

Aqui Ginny nos conta sobre sua dor, entorpecimento, isolamento e desesperança. No entanto, ela também emite um raio de esperança potencial no verso: "A criança ainda vive em mim".

Parte da recuperação é nos *descobrirmos*, nossa Criança, e como usamos esses meios ineficazes de nos relacionarmos conosco, com os outros e com o universo. A forma mais produtiva de realizar isso é durante os estágios de trabalho de recuperação.

Embora esteja claro que estamos sobrevivendo, também é verdade que experimentamos muita dor e sofrimento. Ou ficamos entorpecidos. Ou alternamos entre dor e entorpecimento. Aos poucos, nos tornamos conscientes de que essas mesmas habilidades e defesas que nos permitiram sobreviver como bebês, crianças e adolescentes maltratados não funcionam bem quando tentamos ter relacionamentos saudáveis e íntimos quando adultos. São os efeitos dolorosos desse abuso e negligência e esse fracasso em nossos relacionamentos que não funcionam para nós

---

7. Tradução livre de: "Afraid of Night – Like the child waiting in the night / For warm hands and arms to wrap / Themselves around her loneliness: To spend herself in tears of sudden safety – / And of love. / I, too, in the dark aloneness of self unloved, / Unanchored, abandoned, and denied, / Still summon with silent child cries / the ancient hope – / The old sure magic of wantedness.

The child still lives in me / With that eager hurt of innocence bewildered / And betrayed. Ah, that painful paradox. / To sense the rescue, / And know there is none. / But driven by old dreams, pale yet powerful, / Remembrances of the soft dear touch of love, / I wait. / 60 Healing the Child Within / One waits. One always waits. / It is forgotten – that nameless need / The years have beaten from my wasted heart. / But like some unshaped primeval force, / It beckons, crowds my reality, / Blunts stiff reason.

And I am grotesque with helpless wanting, / Turning my mind inwards, backwards. / Dull, too, is pain with young memories / That weaken and defy, / Submit then die. / I do not live; / I wait in such unhope".

que nos empurram e às vezes até nos forçam a começar a procurar em outro lugar que não esses métodos ineficazes. Essa procura em outro lugar pode desencadear nossa recuperação.

Gravitz e Bowden (1985) descrevem a ocorrência da recuperação em seus pacientes ACoA em seis estágios: (1) Sobrevivência; (2) Consciência emergente; (3) Questões centrais; (4) Transformações; (5) Integração; e (6) Gênese (ou espiritualidade). Esses estágios são paralelos aos quatro estágios de crescimento e transformação da vida descritos por Ferguson (1980) e aos três estágios do herói mitológico clássico ou jornada da heroína, conforme descrito por Campbell (1946), por mim e por outros.

Podemos explicar e resumir as semelhanças de cada abordagem da seguinte forma:

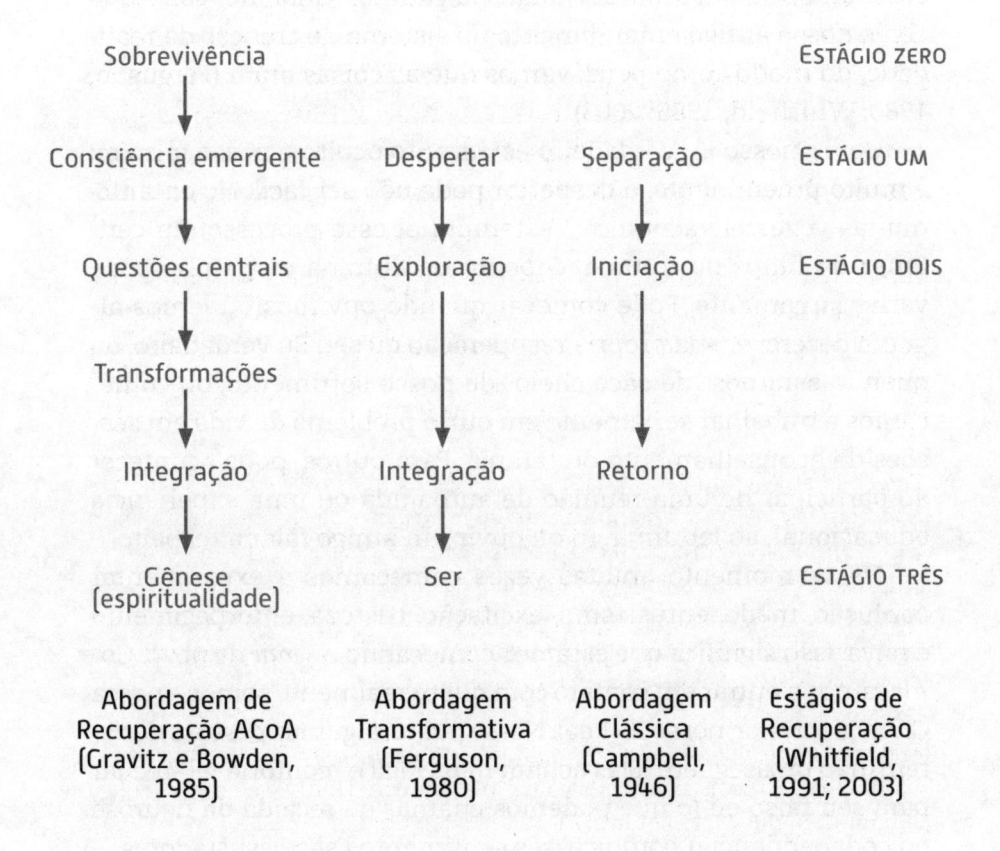

Sobrevivência			ESTÁGIO ZERO
↓			
Consciência emergente	Despertar	Separação	ESTÁGIO UM
↓	↓	↓	
Questões centrais	Exploração	Iniciação	ESTÁGIO DOIS
↓			
Transformações			
↓			
Integração	Integração	Retorno	
↓	↓	↓	
Gênese (espiritualidade)	Ser		ESTÁGIO TRÊS
Abordagem de Recuperação ACoA (Gravitz e Bowden, 1985)	Abordagem Transformativa (Ferguson, 1980)	Abordagem Clássica (Campbell, 1946)	Estágios de Recuperação (Whitfield, 1991; 2003)

Cada estágio é útil para curar nossa Criança Interior. Geralmente, eles são reconhecidos apenas em retrospecto. Quando estamos no estágio, nem sempre percebemos que estamos lá. Esta é uma das razões pelas quais é útil ter um mentor, guia, conselheiro ou terapeuta durante a recuperação. Um grupo de terapia que usa princípios de recuperação ACoA, descritos neste livro e em outros lugares (Gravitz; Bowden, 1985), pode ser especialmente útil (Whitfield, 1990).

Despertar (Consciência emergente)

O despertar é o primeiro vislumbre de que as "coisas", ou a "realidade", não são o que pensávamos. O despertar é um processo contínuo ao longo da recuperação. Para começar, geralmente necessitamos de um *ponto de entrada* ou gatilho – qualquer coisa que abale nosso antigo entendimento ou sistema de crenças da realidade, do modo como pensávamos que as coisas eram (Ferguson, 1980; Whitfield, 1985; 2003).

Como nosso Eu Verdadeiro está muito oculto e nosso falso eu é muito proeminente, o despertar pode não ser fácil. No entanto, muitas vezes ele acontece. Testemunhei esse processo em centenas de filhos do trauma. O ponto de entrada ou gatilho pode variar largamente. Pode começar quando ouvimos ou lemos alguém descrever sua própria recuperação ou seu Eu Verdadeiro, ou quando estamos "de saco cheio" de nosso sofrimento, ou começamos a trabalhar seriamente em outro problema de vida em sessões de aconselhamento ou terapia. Para outros, pode acontecer ao participar de uma reunião de autoajuda ou uma experiência educacional, ao ler um livro ou ouvir um amigo falar a respeito.

Nesse momento, muitas vezes começamos a experimentar confusão, medo, entusiasmo, excitação, tristeza, entorpecimento e raiva. Isso significa que estamos começando a *sentir* de novo. Começamos a entrar em contato com quem realmente somos – nossa Criança Interior, nosso Eu Real. Nesse ponto, algumas pessoas desistem, não prosseguem. Elas acham mais fácil e "confortável" recuar para seu falso eu (o que podemos chamar de recaída da neurose ou codependência) porque esses sentimentos são assustadores.

Aqueles que estão se recuperando do alcoolismo, da dependência de outras drogas ou de outros comportamentos improdutivos, como comer demais ou apostar compulsivamente e afins, podem começar a ter recaídas. Ou podem precipitar outra forma de comportamento compulsivo baseado na vergonha, como gastar dinheiro que não têm. Mas esse despertar pode ser uma oportunidade de arriscar ou mergulhar para descobrir todo o nosso eu, nossa vitalidade e até mesmo, finalmente, alguma paz duradoura.

Encontrando ajuda

Neste ponto, é útil procurar um mentor, conselheiro ou terapeuta para nos ajudar a descobrir e curar nossa Criança Interior. A pessoa em recuperação, no entanto, geralmente está tão vulnerável, muitas vezes mergulhada na confusão, medo e entusiasmo e/ou resistência à recuperação, que pode encontrar um mentor ou clínico que *não* tenha trabalhado a *própria recuperação de sua Criança Interior*. Se essa pessoa não conseguir satisfazer suas próprias necessidades, ela pode usar a pessoa recém-despertada para atender a algumas dessas necessidades. O resultado é que o paciente, cliente, aluno ou "a vítima" é traumatizado mais uma vez, resultando no círculo vicioso de trauma não resolvido e retorno ao falso eu (Miller, 1983; Jacoby, 1984).

Diretrizes

A seguir, estão diretrizes para encontrar um mentor, terapeuta ou conselheiro que em geral tenderá a ser útil, e não prejudicial. A pessoa tenderá a:

1) Ter treinamento e experiência demonstráveis. Por exemplo, um clínico ou terapeuta tem treinamento e experiência em ajudar as pessoas a crescer mental, emocional e espiritualmente, bem como em ser eficaz em ajudar com problemas ou condições específicas, como ser um ACoA ou um filho adulto de uma família problemática.

2) Não ser dogmática, rígida ou crítica.
3) Não prometer soluções ou respostas rápidas.
4) Ser firme o suficiente para incentivá-lo a trabalhar duro em sua recuperação, embora você sinta que ela o respeite genuinamente como um ser humano em recuperação e crescimento.
5) Suprir *algumas* de suas necessidades (escuta, espelhamento, eco, segurança, respeito, compreensão e aceitação de seus sentimentos) durante a sessão de terapia.
6) Incentivar você e o ajudar a aprender a encontrar caminhos *fora* da sessão de terapia para satisfazer as suas necessidades de forma saudável.
7) Progredir bem na cura de sua própria Criança Interior.
8) Não usar você para satisfazer as necessidades dela (algo que pode ser difícil de perceber).
9) Fazer você se sentir seguro e relativamente confortável com ela.

Durante a recuperação, um amigo tem muitas dessas qualidades. Um amigo ou parente, entretanto, não é obrigado a ouvir com atenção total e geralmente não tem treinamento para ajudá-lo a resolver seus problemas ou questões específicas. Amigos e parentes podem querer usá-lo para as necessidades *deles*, às vezes de maneira não saudável ou não construtiva. E *alguns* amigos ou parentes – muitas vezes de modo inconsciente – podem, mais cedo ou mais tarde, traí-lo ou rejeitá-lo. Você pode acabar se sentindo "tóxico" ou enlouquecendo. Estar perto dessas pessoas não recuperadas geralmente não é "seguro". Evite-os quando possível.

É provável que leve algum tempo até que você possa confiar o suficiente no processo de terapia e recuperação para se sentir bem e assumir os *riscos* de começar a expor seu Eu Verdadeiro. Dê a si mesmo esse tempo. Para alguns, o tempo necessário será relativamente curto – questão de semanas. Para outros, pode levar mais de um ano. É importante compartilhar esses medos com seu terapeuta, sem escondê-los. Dar esse passo quebra o padrão de negar sentimentos que você aprendeu quando criança.

Quando começar a sentir confiança, você pode começar a se arriscar a falar sobre seus segredos, medos ou preocupações mais íntimos. Descrevi o poder curativo de contar nossa história no Capítulo 12 deste livro e em *Alcoholism and Spirituality* [Alcoolismo e espiritualidade], e outros também o descreveram (Kurtz, 1979). Seja em terapia individual, seja em grupo, é útil falar, mesmo que a princípio você gagueje ou divague. Sinta-se à vontade para pedir *feedback* ao seu mentor, terapeuta, líder de grupo ou membros do grupo sobre que impressão você passa. Não importa que tipo de terapia você escolha, é útil fazer grande parte do trabalho de recuperação por conta própria, *fora* da sessão. Algumas das atividades podem ser imaginar, refletir, questionar e explorar várias ideias e possibilidades, manter um diário; contar seus sonhos para pessoas de confiança; trabalhar seus conflitos com outras pessoas.

Com o tempo, quando você falar com outras pessoas sobre si mesmo, será útil para sua recuperação que você comece a se tornar mais claro e breve, especialmente se estiver em um grupo de terapia ou grupo de autoajuda.

No aconselhamento, é comum a opinião de que as pessoas em terapia geralmente se relacionam e se comportam da mesma maneira ou de maneiras semelhantes a como se portam fora da terapia. Pode ser útil em sua recuperação perguntar ao seu terapeuta ou grupo como você está se saindo nesse quesito.

Por fim, há a questão da *transferência* na terapia, que engloba seus sentimentos e conflitos em torno de seu relacionamento com seu mentor, terapeuta ou grupo (Jacoby, 1984). Arrisque-se e expresse exatamente como você se sente, mesmo que com raiva, vergonha, culpa ou o que quer que seja, não importa quão banal isso possa parecer a princípio. Seus sentimentos são válidos, apesar de seus medos de que sejam ruins ou injustificados.

***

Quando você sentir confiança o suficiente para se arriscar a se autorrevelar na terapia, geralmente estará pronto para começar um trabalho consciente em algumas de suas *questões centrais*, que abordarei no próximo capítulo.

CAPÍTULO 9

COMEÇANDO A LIDAR COM QUESTÕES CENTRAIS

UMA QUESTÃO É QUALQUER CONFLITO, PREOCUPAÇÃO OU PROBLEMA POtencial, seja consciente, seja inconsciente, que nos parece incompleto ou precisa de ação ou mudanças.

Existem pelo menos 14 *questões centrais* na recuperação de nossa Criança Interior com as quais podemos trabalhar. Oito delas foram descritas por médicos e autores, como Gravitz e Bowden (1985), Cermak e Brown (1982) e Fischer (1985). Essas questões centrais são: controle, confiança, sentimentos, assumir responsabilidades demais, negligenciar nossas próprias necessidades, pensamentos e comportamentos do tipo "tudo ou nada", alta tolerância a comportamentos inadequados e baixa autoestima. A estas acrescentei ser real, vivenciar o luto por nossas perdas não lamentadas, medo do abandono, dificuldade em resolver conflitos e dificuldade em dar e receber amor.

À medida que problemas, preocupações, conflitos ou padrões surgem em nossa vida, podemos trazê-los à tona com pessoas seguras e solidárias que selecionamos. A princípio, pode não ficar claro qual dessas questões centrais – ou talvez mais de uma delas – está em jogo para nós. As questões centrais não se apresentam a nós como uma "questão". Em vez disso, elas se apresentam a princípio como problemas em nossa vida cotidiana. No entanto, refletindo e contando nossa história com persistência, geralmente ficará claro qual questão, ou questões, está em jogo. Esse conhecimento será útil para nos livrarmos aos poucos da confusão, do descontentamento e de padrões de vida negativos e inconscientes (compulsões à repetição ou reencenações).

Pensamentos e comportamentos do tipo "tudo ou nada"

Essa é a defesa do ego contra a dor que os terapeutas chamam de *clivagem*. Quando pensamos ou agimos dessa maneira, o fazemos em um extremo ou no outro. Por exemplo, ou amamos alguém completamente ou o odiamos. Não há meio-termo. Vemos as pessoas ao nosso redor como boas ou más, e não o composto heterogêneo que elas são de fato. Nós nos julgamos com a mesma severidade. Quanto mais usamos o pensamento do tipo tudo ou nada, mais ele nos abre para nos *comportarmos* de um modo tudo ou nada. Essas duas ações tendem a nos causar problemas e a nos fazer sofrer sem necessidade.

Podemos nos sentir atraídos por outras pessoas que pensam e se comportam de maneira tudo ou nada. Mas estar perto desse tipo de pessoa tende a resultar em mais problemas e dor para nós.

O Quadro 3 (p. 62) lista os tipos de condições parentais associadas à dinâmica de ACoAs e filhos adultos de outras famílias disfuncionais. Embora o pensamento do tipo tudo ou nada possa ocorrer em qualquer uma dessas condições parentais, ele ocorre especialmente entre pais religiosos fundamentalistas. Estes muitas vezes são rígidos, punitivos, críticos e perfeccionistas. Com frequência, eles estão imersos em um sistema baseado na vergonha, que tenta encobrir e até mesmo destruir o Eu Verdadeiro.

O pensamento do tipo tudo ou nada é semelhante ao alcoolismo ativo, outras dependências químicas, codependência ou outros vícios e apegos ativos, no sentido de que limita muito, e de forma irreal, nossas possibilidades e escolhas. Ser tão limitado nos faz sentir presos, e somos incapazes de ser criativos e crescer em nossas vidas cotidianas.

Na recuperação, começamos a aprender que a maioria das coisas em nossa vida, *inclusive nossa recuperação*, não é tudo ou nada, nem ou isso ou aquilo. Na verdade, elas são *"ambos-e"*. Elas têm tons de cinza e estão em algum lugar intermediário, no ponto "3, 4, 5, 6 ou 7", e não no "0" ou no "10".

Controle

Controle é talvez a questão mais dominante em nossas vidas. Não importa o que pensamos que temos que controlar, seja o comportamento de outra pessoa, nosso próprio comportamento, seja qualquer outra coisa, nosso falso eu tende a se apegar a essa noção e a não largar dela. O resultado geralmente é dor emocional, confusão e frustração.

Em última análise, não podemos controlar a vida, então, quanto mais tentamos controlá-la, mais fora de controle nos sentimos porque estamos focando muita atenção a ela. É comum que a pessoa que se sente *fora* de controle fique obcecada com a necessidade de estar no controle.

Outra palavra para controle é *apego*. Pessoas sábias descobriram que o apego ou a necessidade de estar no controle é a base do sofrimento. É certo que o sofrimento faz parte da vida. Todos nós podemos ter que sofrer antes de podermos começar a pensar nas alternativas. O sofrimento pode apontar o caminho para a paz de espírito. Uma alternativa que quase sempre alivia nosso sofrimento é se render: abrir mão do nosso falso eu e do nosso apego à noção de que podemos controlar qualquer coisa.

Sofremos quando resistimos ao que é. Aos poucos descobrimos que um dos atos mais poderosos e curativos é abrir mão de nossa necessidade de estar sempre no controle. Essa liberdade é a liberdade do nosso Eu Verdadeiro. Nesse contexto, o termo "se render" não significa "desistir" ou "se entregar" no sentido militar de perder uma guerra. Em vez disso, queremos dizer que quem se rende vence a luta abrindo mão da tentativa de controlar e melhora da maior parte do sofrimento desnecessário que resulta disso (Whitfield, 1985). Isso se torna um processo contínuo na vida, não uma meta a ser alcançada apenas uma vez.

A necessidade de estar no "controle" está intimamente relacionada a várias outras questões importantes da vida: força de vontade, medo de perder o controle, dependência/independência, confiança, vivenciar sentimentos – especialmente raiva –, autoestima e vergonha, ser espontâneo, cuidar de si mesmo, "tudo ou nada" e expectativas em relação a si e aos outros. Muitas pessoas não trabalharam nessas importantes questões da vida. No entanto, na maioria das vezes, elas acreditam que as superaram, ou seja, controlaram essas questões e todos os outros problemas da vida. Elas até acreditam que podem de alguma forma controlar a *própria vida*.

É difícil aprender que a *vida não pode ser controlada*. O poderoso e misterioso processo da vida segue adiante, não importa o que façamos. A vida não pode ser controlada porque é rica demais, espontânea demais e indisciplinada demais para ser totalmente compreendida, muito menos controlada por nosso ego/falso eu pensante e controlador (Cermak, 1985).

Nesse ponto, podemos descobrir que existe uma saída, uma maneira de nos livrarmos do sofrimento associado à nossa necessidade de estar sempre no controle. A saída é render-se e tornar-se, aos poucos, um *cocriador* da vida. É aqui que o aspecto espiritual da recuperação entra em ação como uma ajuda poderosa. A participação e a dedicação a programas de recuperação de 12 Passos, como Al-Anon, Alcoólicos Anônimos, Narcóticos Anônimos, ACA/ACoA, CoDA, Comedores Compulsivos Anônimos e outros, são boas. Outros caminhos espirituais também podem ajudar.

Trabalhamos em nossos problemas de controle pedindo ajuda a pessoas apropriadas e nos rendendo. Quando fazemos isso, começamos a descobrir nosso Eu Verdadeiro e a nos sentir mais vivos.

Assumir responsabilidades demais

Muitos de nós que crescemos em famílias problemáticas ou disfuncionais aprendemos a nos tornar excessivamente responsáveis. Muitas vezes, essa parecia a única maneira de evitar muitos de nossos sentimentos dolorosos, como raiva, medo e mágoa. Também nos dava a ilusão de estar no controle. Mas o que parecia funcionar na época nem sempre funciona bem agora.

Um paciente meu, de 40 anos, me disse que sempre dizia "sim" a solicitações no trabalho, e fazer isso estava lhe causando muito sofrimento. Trabalhando em si mesmo por dois anos na terapia de grupo e fazendo um curso de assertividade, ele aprendeu a dizer "não" e a deixar que os outros façam o que ele não consegue ou não quer fazer. Ele está descobrindo seu Eu Verdadeiro, sua Criança Interior.

Em vez de serem excessivamente responsáveis, outras pessoas podem ser irresponsáveis, passivas e se sentirem vítimas do mundo. É igualmente útil para elas dedicar-se à recuperação nessas questões. Alguns se beneficiam do aprendizado sobre limites saudáveis (Whitfield, 1995).

Negligenciar nossas necessidades

Não reconhecer e negligenciar nossas próprias necessidades está intimamente relacionado a ser excessivamente responsável. Ambos fazem parte das ações do nosso falso eu. Nesse ponto, pode ser útil revisar o Capítulo 4. Alguns acham que ajuda fazer uma cópia do Quadro 2, que lista algumas de nossas necessidades humanas, e colocar essa lista onde se possa vê-la com facilidade e frequência – talvez também carregá-la conosco.

Observando e trabalhando em nossa recuperação, podemos começar a identificar pessoas e lugares nos quais conseguimos atender a essas necessidades de maneira saudável. Aos poucos, à medida que mais e mais das nossas necessidades são atendidas, descobrimos uma verdade crucial: que *nós* somos a pessoa mais influente, eficaz e poderosa para nos ajudar a conseguir aquilo de que precisamos. Quanto mais percebemos isso, mais podemos buscar, pedir e realmente realizar nossas necessidades. Ao fazermos isso, nossa Criança Interior começa a despertar e uma hora vai florescer, crescer e amadurecer. Virginia Satir disse: "Precisamos nos ver como milagres fundamentais, dignos de amor".

Alta tolerância a comportamentos inadequados

Filhos de famílias problemáticas ou disfuncionais crescem sem saber o que é "normal", saudável ou apropriado. Não tendo outro ponto de referência para testar a realidade, eles acham que sua família e sua vida, com sua inconsistência, trauma e dor, "são como são".

Na verdade, quando desempenhamos o papel do nosso falso eu, que famílias, amizades e ambientes de trabalho problemáticos tendem a promover, estacamos nele – não percebemos que existe outra maneira de existir.

Na recuperação, com supervisão adequada e *feedback* de outras pessoas qualificadas e seguras, aprendemos lentamente o que é saudável e o que é apropriado. Outras questões relacionadas incluem: assumir responsabilidades demais, negligenciar nossas próprias necessidades, sentimentos e problemas com limites e vergonha e baixa autoestima.

Tim era um homem solteiro de 30 anos que estava em nosso grupo de terapia havia dois meses. Ele nos disse: "Quando eu era criança, me sentia obrigado a ouvir a conversa e o comportamento irracional de meu pai quando ele bebia, o que acontecia todas as noites e na maioria dos fins de semana. Quando eu tentava me afastar dele, eu me sentia muito culpado, e minha mãe piorava isso dizendo como eu era egoísta. Ainda hoje, adulto, deixo que as pessoas me tratem mal. Deixei alguns praticamente pisarem em mim. Mas até eu entender sobre filhos adultos de famílias problemáticas, começar a ler sobre isso e a ir às reuniões, achava que tinha algo errado comigo". Tim está aprendendo sobre sua alta tolerância a comportamentos inadequados dos outros e está começando a se livrar dessa forma sutil de maus-tratos.

Medo do abandono

O medo de ser abandonado remonta aos nossos primeiros segundos, minutos e horas de existência. Relacionado à questão da confiança e desconfiança, muitas vezes é exagerado entre crianças que cresceram em famílias problemáticas ou disfuncionais. Assim, para combater esse medo, muitas vezes nos tornamos desconfiados. Blindamos nossos sentimentos para não sentirmos a dor.

Alguns de meus pacientes relataram que, quando eram bebês ou crianças, seus pais *ameaçaram* deixá-los ou abandoná-los como medida disciplinar. Essa é uma crueldade ou trauma que pode parecer benigna para alguns, mas, para mim, é uma forma encoberta de abuso infantil.

Juan era um homem divorciado de 34 anos, um escritor de sucesso, que cresceu em uma família problemática e disfuncional. Ele nos disse em grupo: "Não consigo me lembrar muito da minha vida antes dos 5 anos, mas naquela época meu pai largou a mim, minha mãe e minha irmã mais nova, e do nada! Ele disse à minha mãe que tinha um trabalho a fazer em outro estado e que iria voltar. Mas não disse nada para nós, crianças. Além do mais, minha mãe me despachou para morar com minha tia a quase mil quilômetros de distância, sem me dizer por quê. Devo ter ficado chocado. Até agora, fiquei em negação. Foi só nos últimos meses que entrei em contato com meus sentimentos de que não apenas aquele filho da puta me abandonou, mas minha mãe me rejeitou. Isso deve ter machucado muito aquele garotinho dentro de mim. Só agora estou começando a ficar com raiva disso também". Em uma sessão subsequente, ele nos disse: "Uma maneira que aprendi para lidar com as pessoas que me abandonam é não me aproximar muito delas. E com certas mulheres, eu me aproximava muito *delas*, mas, se surgisse algum conflito por muito tempo, eu as largava na hora. Consigo ver agora que as estava abandonando antes que elas pudessem me deixar". Juan continua a trabalhar em seus sentimentos de mágoa e raiva lidando com esta importante questão em sua recuperação: a do abandono.

Dificuldade em lidar e resolver conflitos

A dificuldade em lidar e resolver conflitos é um problema central de recuperação para filhos adultos. Ela toca e interage com a maior parte das outras questões centrais.

Quando crescemos em uma família problemática ou disfuncional, aprendemos a evitar conflitos sempre que possível. Quando ocorre um conflito, aprendemos principalmente a nos retirar dele de alguma forma. Às vezes, nos tornamos agressivos e tentamos dominar aqueles com quem estamos em conflito. Quando essas técnicas falham, podemos nos tornar desonestos e manipuladores. Em um ambiente disfuncional, esses métodos podem ajudar a garantir nossa sobrevivência. Mas eles não tendem a funcionar em um relacionamento íntimo saudável.

A própria recuperação – a cura de nossa Criança Interior – baseia-se na descoberta de conflito após conflito e, então, no trabalho de cada um deles. Mas o medo e outros sentimentos dolorosos que surgem à medida que nos aproximamos do conflito podem ser pesados demais para vivenciarmos. Em vez de enfrentar a dor e o conflito, podemos regredir aos nossos métodos anteriores. Um deles é: "Dou conta disso sozinho". O problema é que dar conta sozinho nem sempre funcionou bem para nós.

Joanne era uma mulher de 40 anos que estava na terapia de grupo para filhos adultos de famílias disfuncionais havia sete meses. Ela tentou ser o membro dominante do grupo. Mas, quando Ken se juntou ao grupo, ele tentou ser assertivo com ela e, às vezes, era agressivo o suficiente para lhe causar dificuldades e frustração por ser tão dominante quanto ela fora antes. Depois de várias discussões entre Joanne e Ken, Joanne anunciou que havia decidido deixar o grupo. Após uma reflexão em grupo, o conflito básico foi revelado. Meu colíder e eu dissemos: "Joanne, Ken e o grupo estão em um ponto crucial de sua recuperação. Vocês estão bem no meio de um conflito *importante*. Vocês têm uma oportunidade aqui, já que este grupo é um lugar seguro para trabalhar em uma questão central para cada um de vocês. No passado, como vocês lidaram com conflitos?".

Os membros do grupo disseram que frequentemente fugiam dos conflitos, ou se tornavam agressivos ou mesmo manipuladores, e que isso não tinha funcionado bem para eles. Um membro do grupo disse a Joanne: "Você realmente tem uma chance de trabalhar nisso. Espero que você não vá embora". Ela disse que pensaria a respeito e na semana seguinte voltou e disse que tinha decidido permanecer no grupo.

Ela disse ao grupo que sentia que eles não a ouviam e a apoiavam, e que, desde que Ken se juntara ao grupo, sentira isso ainda mais. Mais problemas foram revelados, entre eles que ela sempre teve dificuldade em reconhecer suas necessidades e satisfazê-las. Ela também sempre se sentiu desvalorizada e não amada por seus pais. Ela, Ken e o grupo trabalharam em seu conflito e, ao longo de várias sessões de terapia em grupo, o resolveram.

Ao lidar e resolver conflitos, primeiro reconhecemos que estamos nele. Então, se nos sentimos seguros, aceitamos correr o risco de revelar nossas preocupações, sentimentos e necessidades. Quando trabalhamos o conflito, aprendemos cada vez mais a identificar e trabalhar os conflitos do passado e os atuais à medida que surgem.

É preciso coragem para reconhecer e trabalhar o conflito.

Começando a falar sobre nossos problemas

Na recuperação, começamos a relatar, das profundezas do nosso Eu Verdadeiro, essas experiências e medos, como o de sermos abandonados. Quando compartilhamos nossos sentimentos, preocupações, confusões e conflitos na companhia de pessoas seguras e receptivas, construímos uma história que de outra forma talvez não pudéssemos contar. Embora seja útil para os outros ouvir nossas histórias, a coisa mais útil e curativa sobre contar nossa própria história é que *nós*, o contador da história, *a escutamos*. Antes de contá-la, nem sempre sabemos exatamente como ela vai sair.

Portanto, não importa que preocupação, problema ou questão de vida queremos trabalhar, arriscar-se e começar a falar a respeito com uma pessoa ou pessoas seguras é uma saída para o fardo desnecessário de ficar calado e guardar a dor em nosso coração. E, quando contamos nossa história a partir do coração, dos nossos ossos e entranhas, a partir do nosso Eu Real, descobrimos a verdade sobre nós mesmos. Fazer isso é se curar.

Na maioria das vezes, quando questões e sentimentos centrais se apresentam a nós no início da recuperação, nosso falso eu os disfarça com outras máscaras. Uma das nossas tarefas na recuperação é aprender a reconhecer os problemas quando eles surgem. Uma das vantagens de *conversar com pessoas seguras sobre nossas preocupações* é que isso *ajuda a expor e explicar nossos problemas*.

Outras questões

Das demais questões principais ou centrais da recuperação, já discuti a baixa autoestima, ou vergonha, no Capítulo 6. Ao longo deste livro, discuto as questões de ser real, passar pelo luto, lidar com nossos sentimentos e resolver conflitos. Em meus outros livros, discuto essas questões centrais, e em *My Recovery* [Minha recuperação] (2003) descrevo como incluí-las na elaboração de um plano de recuperação pessoal para a cura.

Gatilhos para questões centrais

Muitas situações podem servir de gatilho para nossos problemas centrais, de modo que eles são ativados e começam a aparecer em nossas vidas mais explicitamente. Uma situação é um *relacionamento íntimo* – aquele em que duas ou mais pessoas ousam ser seus Eus Verdadeiros umas com as outras. Em um relacionamento íntimo, compartilhamos partes de nós que raramente o faríamos com outras pessoas. Esse compartilhamento imediatamente levanta questões como confiança, sentimentos e responsabilidade. Embora tenhamos a oportunidade de estabelecer muitos relacionamentos íntimos em recuperação, nosso relacionamento com nosso mentor, terapeuta, membros do grupo de terapia ou patrocinador pode desencadear, e de fato desencadeia, muitas questões. Para lidar com elas da maneira mais construtiva possível, podemos praticar ser nosso Eu Real tanto quanto possível. Isso exige que nos rendamos, confiemos, arrisquemos e participemos. E tudo isso é potencialmente assustador.

Outras situações que muitas vezes desencadeiam ou precipitam o surgimento dessas questões incluem passar por grandes *transições na vida* (Levin, 1980), *demandas* pelo nosso *desempenho* no trabalho, em casa ou no lazer e, especialmente, fazer *visitas a nossos pais* ou família de origem (Gravitz; Bowden, 1985). Quando os sentimentos, frustrações e problemas vêm à tona, podemos começar a nos livrar deles se formos reais e se compartilharmos nosso Eu Real com pessoas seguras em quem podemos confiar.

* * *

Nos próximos três capítulos, falo mais sobre sentimentos e como usá-los em nossa cura.

CAPÍTULO 10

IDENTIFICANDO E VIVENCIANDO NOSSOS SENTIMENTOS

Tomar consciência de nossos sentimentos e lidar construtivamente com eles é crucial no processo de cura de nossa Criança Interior.

Pessoas que cresceram em famílias problemáticas ou disfuncionais tendem a não ter suas necessidades atendidas, o que dói. *Sentimos* os sentimentos dolorosos. Como os pais e outros membros dessas famílias tendem a ser incapazes de nos ouvir, apoiar, cuidar, aceitar e respeitar, muitas vezes não temos ninguém com quem compartilhar nossos sentimentos. A dor emocional é tão forte que nos defendemos dela com as várias defesas não saudáveis do ego descritas no Capítulo 8, afastando assim os sentimentos para longe da consciência. Fazer isso nos permite sobreviver, mas a um preço: ficamos progressivamente entorpecidos. Inacessíveis. Falsos.

Quando não somos nosso Eu Real, não crescemos mental, emocional e espiritualmente. Não apenas nos sentimos sufocados e sem vida, mas também muitas vezes nos sentimos frustrados e confusos. Ficamos em uma posição de vítima. *Não temos consciência* de nosso eu total e sentimos como se os outros, "o sistema" e o mundo estivessem "fazendo isso conosco", como se fôssemos suas vítimas, à sua mercê.

Uma saída para essa postura de vítima e a dor que ela traz é começar a identificar e vivenciar nossos sentimentos. Uma maneira eficaz de facilitar o conhecimento e a experiência de nossos sentimentos é *conversar* sobre eles com pessoas seguras e solidárias.

Bill tinha 36 anos, era bem-sucedido no trabalho, mas não no relacionamento íntimo que desejava. Um dia, na terapia de grupo, ele disse: "Eu odiava meus sentimentos e o fato de que sempre me pediam para falar sobre eles aqui. Depois de dois anos neste grupo, começo a ver como eles são importantes. E estou até começando a *gostar deles*, embora alguns sejam dolorosos. Basicamente, eu me sinto mais vivo quando sinto meus sentimentos".

Não há necessidade de sabermos tudo sobre nossos sentimentos. Tudo o que precisamos saber é que os sentimentos são importantes, que cada um de nós tem todos eles e que é saudável começar a conhecê-los e a falar sobre eles. Nossos sentimentos podem ser nossos amigos. Se lidarmos com eles adequadamente, eles não nos trairão; não perderemos o controle, não seremos atropelados ou engolidos por eles – como podemos temer.

Nossos sentimentos são a maneira como nos percebemos. Eles são nossa reação ao mundo ao nosso redor, a maneira como sentimos estar vivos (Viscott, 1976). Sem consciência de nossos sentimentos, não temos consciência real da vida. Eles resumem nossa experiência e nos dizem se ela é boa ou ruim. Os sentimentos são o elo mais útil em nosso relacionamento com nós mesmos, com os outros e com o mundo ao nosso redor.

O espectro dos sentimentos

Temos dois tipos básicos de sentimentos ou emoções: prazerosos e dolorosos. Emoções prazerosas nos fazem sentir uma sensação de força, bem-estar e realização. Sentimentos dolorosos interferem em nossa sensação de bem-estar, consomem nossa energia e podem nos deixar esgotados, vazios e sozinhos. No entanto, embora possam ser dolorosos, muitas vezes estão nos dizendo algo, uma mensagem para nós mesmos de que algo importante pode estar acontecendo, algo que pode exigir nossa atenção.

Estarmos cientes de nossos sentimentos e senti-los em um fluxo natural, à medida que ocorrem espontaneamente minuto a minuto, dia a dia, nos dá várias vantagens. Nossos sentimentos podem tanto nos alertar como nos proteger. Eles agem como indicadores ou medidores de como estamos no momento e ao longo de um período de tempo. Eles nos dão uma sensação de domínio e vitalidade.

Nosso Eu Real sente prazer e dor. E os expressa e os compartilha com as pessoas certas. No entanto, nosso falso eu tende a nos levar a sentir principalmente sentimentos dolorosos e a retê-los, em vez de compartilhá-los.

Para simplificar, podemos descrever esses sentimentos prazerosos e dolorosos em um espectro, começando com os mais alegres, passando pelos mais dolorosos e terminando com confusão e entorpecimento:

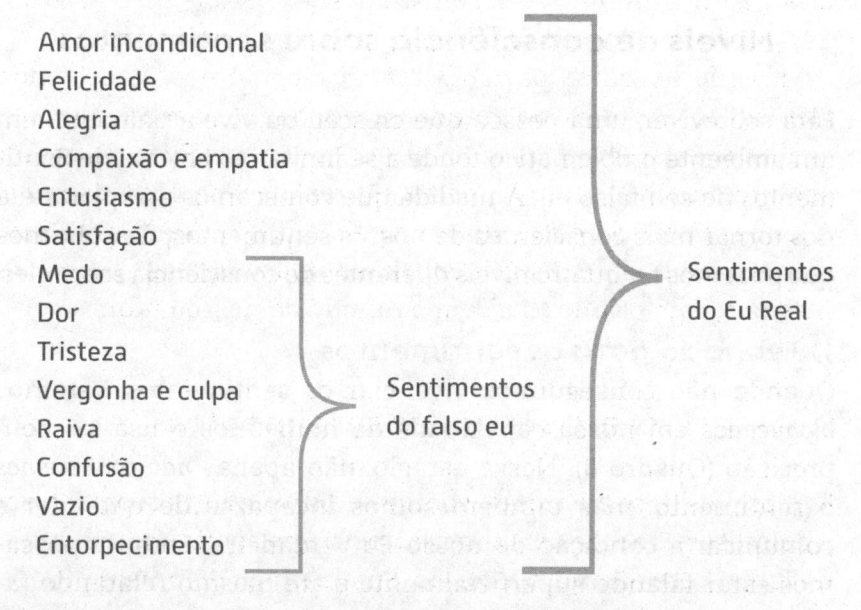

Amor incondicional	
Felicidade	
Alegria	
Compaixão e empatia	
Entusiasmo	Sentimentos do Eu Real
Satisfação	
Medo	
Dor	
Tristeza	
Vergonha e culpa	
Raiva	Sentimentos do falso eu
Confusão	
Vazio	
Entorpecimento	

Ao enxergar nossos sentimentos dessa maneira, vemos que nosso Eu Real e Verdadeiro, nossa Criança Interior, é empoderado com uma gama mais ampla de possibilidades do que conseguiríamos acreditar. O exercício e o crescimento de nossa Criança Interior estão associados ao que os psicoterapeutas e conselheiros chamam de "ego forte" ou senso de identidade, ou seja, um eu flexível e criativo que pode "enfrentar os golpes" da vida. Em contraste, o falso eu tende a ser mais limitado, respondendo principalmente a sentimentos dolorosos – ou a nenhum sentimento, ou seja, entorpecimento. Nosso falso eu tende a ser associado a um "ego frágil" ou a um frágil senso de si mesmo, menos flexível, autocentrado (negativo ou egocêntrico) e mais rígido. [Originalmente, Freud e seus seguidores usaram "ego" para significar o que agora entendemos como sendo tanto nosso Eu Verdadeiro quanto o falso eu. Mas, desde cerca de 1940, psicólogos do eu da relação de objetos os diferenciaram e geralmente não usam o termo "ego". Hoje, mais pessoas igualam o ego ao falso eu.] Para encobrir a dor, usamos defesas relativamente não saudáveis, que nos dão menos possibilidades e escolhas em nossas vidas.

Níveis de consciência sobre sentimentos

Para sobreviver, uma pessoa que cresceu ou vive atualmente em um ambiente problemático tende a se limitar ao arsenal de Sentimentos de seu falso eu. À medida que começamos a explorar e a nos tornar mais conscientes de nossos sentimentos, descobrimos que podemos ter quatro níveis diferentes de consciência sobre eles.

1) Fechado para os sentimentos
Quando não conseguimos vivenciar os sentimentos, estamos *bloqueados* em nossa capacidade de nomeá-los e usá-los com precisão (Quadro 8). Nesse estágio, não apenas *não conhecemos* o sentimento, mas também somos incapazes de entender e comunicar a condição de nosso Eu Verdadeiro. Embora possamos estar falando superficialmente e até mesmo relatando fatos, nossa interação interpessoal e nossa capacidade de viver a vida e crescer são muito baixas. Podemos chamar esse estágio de crescimento e compartilhamento de nossos sentimentos de *fechado*, ou Nível Um.

2) Começando a explorar
No Nível Dois, conseguimos começar a *explorar* nossos sentimentos. Aqui podemos ser cautelosos ao compartilhar nossos

sentimentos recém-descobertos, e eles podem surgir em conversas disfarçados de ideias e opiniões, em vez de sentimentos reais. Nesse nível, as interações com os outros e nossa capacidade de viver a vida e crescer permanecem baixas, mas são maiores do que quando estávamos no Nível Um. Embora a maioria das pessoas *tenha* sentimentos e muitas vezes gostaria de expressá-los, elas não o fazem e, assim, vivem suas vidas com pouca consciência e compartilhamento de seus sentimentos, limitadas a funcionar nos Níveis Um e Dois. É a esse uso limitado de sentimentos que o falso eu está acostumado.

3) Explorando e experimentando

À medida que começamos a conhecer nosso Eu Verdadeiro, começamos a explorar e a experimentar nossos sentimentos em um nível mais profundo, ou "visceral". Aqui somos capazes de dizer aos outros, à medida que os sentimentos nos surgem, como realmente nos sentimos. Ao fazer isso, podemos ter muita interação interpessoal com pessoas que são importantes para nós e viver mais a nossa vida. Assim, crescemos mental, emocional e espiritualmente. Quando atingimos esse terceiro nível mais eficiente dos nossos sentimentos, nos conhecemos melhor e estamos mais aptos a experimentar intimidade com outra pessoa.

4) Compartilhando nossos sentimentos

No entanto, compartilhar nossos sentimentos com outra pessoa é como uma faca de dois gumes. Primeiro, podemos compartilhá-los com alguém que não quer ouvir. *Elas mesmas* podem estar funcionando nos Níveis Um ou Dois e serem incapazes de ouvir. Ou podem *parecer* estar ouvindo, mas estão preocupadas com seus próprios problemas, que são totalmente diferentes dos nossos. Ou resultados ainda mais dolorosos podem acontecer. Podemos compartilhar com alguém que não é seguro e solidário, e podemos ser rejeitados por compartilhar, ou até ser traídos. A dificuldade em compartilhar sentimentos é mostrada na seguinte história de recuperação.

Quadro 8. Níveis de consciência e comunicação de sentimentos, com diretrizes para o compartilhamento

Condição dos sentimentos	Comunicação	Revelação de si	Interações interpessoais e habilidade para crescer	Pessoas com as quais compartilhar nossos sentimentos	
				Quem não é apropriado	Quem é apropriado
1) Fechado	Conversação superficial, relato de fatos	Inexistente Fatos óbvios	Inexistente	A maioria das pessoas	Pessoas selecionadas
2) Começando a explorar	Ideias e opiniões para satisfazer outras pessoas	Reservada Acidental	Pouca	Pessoas que não escutam	Pessoas que escutam
3) Explorando e expressando	Nível visceral genuíno	Disposição Abertura	Bastante	Pessoas que nos rejeitam ou traem	Pessoas seguras e que nos apoiam
4) Observação aberta e expressiva	Excelente	Completa quando melhora a vida	Quase completa	Pessoas que nos rejeitam ou traem	Pessoas seguras e que nos apoiam

Fonte: modificado de Dreitlein, 1984.

Ken era um vendedor de sucesso de 34 anos que cresceu em uma família em que seu pai e irmão eram ativamente alcoólatras e sua mãe era coalcoólatra. Em seu grupo de terapia, ele falou sobre como pouco antes havia estabelecido limites para o comparecimento de seu irmão a uma festa de aniversário na casa de Ken, pedindo a ele que não bebesse ou usasse drogas na ocasião. Quando questionado a respeito de como se sentia sobre a possibilidade de seu irmão atrapalhar a festa, já que esse era seu padrão no passado, ele disse ao grupo que se sentia "bem" com isso. Os membros do grupo perguntaram como ele *realmente* se sentia e novamente ele disse: "Assim, tudo bem. Mas eu disse isso hoje para ver o que vocês achavam". O grupo continuou a perguntar como ele mesmo estava se sentindo. Aos poucos, ele percebeu que estava bloqueando e reprimindo sentimentos de medo, raiva, frustração e confusão, e contou isso ao grupo.

Ken aproveitou o fato de estar em um grupo de terapia e o usou como espelho, pedindo a ele *feedback*. Na época, ele estava no grupo havia três meses e começava a confiar nele como um lugar seguro e de apoio, um recurso para ele expressar suas preocupações e confusões. Ele usou o grupo para ajudá-lo a descobrir uma parte importante de seu Eu Verdadeiro, seus sentimentos.

Quando compartilhamos nossos sentimentos, é mais apropriado fazê-lo com pessoas seguras e solidárias. No início da recuperação, as pessoas que cresceram em famílias problemáticas ou disfuncionais podem querer tanto compartilhar que são rejeitadas, traídas ou se metem em problemas de outras maneiras por contar aos outros, indiscriminadamente, sobre seus sentimentos. Pode ser difícil aprender que *não é apropriado compartilhar sentimentos com todos*.

Compartilhar-verificar-compartilhar e pessoas seguras/inseguras

Como decidimos quem é seguro e quem não é? Um modo é a técnica de compartilhar-verificar-compartilhar (Gravitz; Bowden, 1985). Quando temos um sentimento que queremos compartilhar, mas talvez não tenhamos certeza de quem é seguro e quem não é, podemos compartilhar apenas um pouco de nossos sentimentos com pessoas selecionadas. Em seguida, verificamos a resposta delas. Se elas não parecem ouvir ou tentam nos julgar, ou se elas imediatamente tentam nos dar conselhos, pode ser prudente não compartilhar mais sentimentos com elas. Se elas tentam invalidar nossos sentimentos, se elas nos rejeitam e, certamente, se elas nos traem, contando para outros sobre nós, especialmente nossas confidências, então provavelmente não é "seguro" compartilhar tais sentimentos com elas. No entanto, se elas *ouvirem*, apoiarem e não reagirem com as respostas anteriores, pode ser seguro continuar compartilhando com elas. Outras pistas para pessoas "seguras" são aquelas que fazem *contato visual* conosco, tendem a parecer *compreensivas* e *não tentam se apressar para mudar a nós, nossa situação ou nossos sentimentos*. No longo prazo, alguém seguro será consistente em sua escuta e apoio e *não nos trairá ou rejeitará*.

Locais para praticar o compartilhamento e a verificação são um grupo de terapia, um grupo de autoajuda, com um mentor, terapeuta, apoiador, amigo de confiança ou ente querido.

Espontâneo e observador

À medida que ficamos mais confortáveis e nos tornamos capazes de confiar em nosso Eu Verdadeiro e nos outros, podemos começar a revelar *seletivamente* nossos sentimentos de maneira mais completa. À medida que esse tipo de compartilhamento continua e amadurece, podemos *observar* nossos sentimentos cada vez mais (Nível Quatro). Conforme fazemos isso, descobrimos um princípio fortalecedor e curativo: *nós não somos nossos sentimentos*. Embora nossos sentimentos sejam úteis e até mesmo cruciais para nossa vitalidade e nossa capacidade de conhecer e apreciar a nós mesmos e aos outros, podemos, ao mesmo tempo, simplesmente observá-los. Aqui estamos em harmonia com nossos sentimentos. Eles não se apoderam de nós ou nos dominam. Nós não somos suas vítimas. Essa relação com nossos sentimentos é um nível avançado.

Transformando nossos sentimentos

Cada sentimento tem um oposto (Quadro 9). À medida que nos tornamos conscientes de cada sentimento doloroso, e vivenciamos cada um deles e os deixamos partir, podemos transformá-los em sentimentos alegres. Isso nos permite experimentar gratidão por transformar nossa dor em alegria, nossa "maldição" em um presente.

Nossos sentimentos trabalham em conjunto com nossa vontade e nosso intelecto para nos ajudar a viver e crescer. Se os negamos, distorcemos, reprimimos ou suprimimos, apenas bloqueamos o fluxo para sua conclusão natural. *Sentimentos bloqueados podem causar angústia e doenças.* Contudo, quando estamos conscientes de nossa experiência e compartilhamos, aceitamos e depois deixamos nossos sentimentos partirem, tendemos a ser mais saudáveis e mais capazes de experimentar a serenidade ou a paz interior que é nossa condição natural.

Passar um tempo com nossos sentimentos é essencial para nosso crescimento e felicidade. O caminho para sair de um sentimento doloroso é "atravessá-lo".

Quadro 9. Alguns sentimentos e seus opostos

Sentimentos dolorosos*	Sentimentos alegres
Medo**	Esperança
Raiva**	Afeição
Tristeza	Alegria
Ódio	Amor
Solidão	Comunidade
Dor	Alívio

Tédio	Envolvimento
Frustração	Contentamento
Inferioridade	Igualdade
Desconfiança	Confiança
Repulsa	Atração
Timidez	Curiosidade
Confusão	Clareza
Rejeição	Apoio
Insatisfação	Satisfação
Fraqueza	Força
Culpa	Inocência
Vergonha**	Orgulho
Vazio	Contentamento Realização

* Você pode notar que eu não chamo esses sentimentos dolorosos de "negativos", já que muitas vezes sentir alguns deles pode ser positivo ou útil para nós, dependendo de como os usamos.
** Medo, raiva e vergonha podem ser os mais inúteis de nossos sentimentos.

Fonte: compilado, em parte, de Rose et al., 1972.

    Nossos sentimentos são uma parte imprescindível de uma dinâmica crucial em nosso crescimento – aqui, nosso luto. Quando perdemos algo importante, temos que *passar pelo luto* para crescer com a perda, o que descrevo no próximo capítulo.

CAPÍTULO 11

O PROCESSO DE LUTO

Um trauma é uma perda, seja uma perda real, seja apenas uma ameaça. Nós experimentamos uma perda quando somos privados ou precisamos ficar sem algo que tínhamos e valorizávamos, algo de que precisávamos, queríamos ou esperávamos.

Pequenas perdas ou traumas são tão comuns e sutis que muitas vezes não os reconhecemos como tal. No entanto, todas as nossas perdas produzem dor ou infelicidade: chamamos essa dor e essa cadeia de sentimentos de luto. Também podemos chamá-lo de *processo de luto*. Quando nos permitimos sentir esses sentimentos dolorosos, damos a eles um *nome* preciso, e quando, ao longo do tempo, compartilhamos o luto com pessoas seguras e solidárias, somos capazes de *concluir* nosso trabalho de luto e, assim, nos livrarmos dele.

Leva tempo para completar o trabalho de luto. Quanto maior a perda, maior o tempo geralmente necessário. Por uma perda menor, podemos completar a maior parte do luto em algumas horas, dias ou semanas. Para uma perda moderada, esse trabalho pode exigir meses a um ano ou mais. E, para uma grande perda, o tempo necessário para a conclusão saudável do luto é geralmente de dois a quatro anos, ou mais.

Perigos do luto não resolvido

O luto não resolvido infecciona como uma ferida profunda coberta por uma pele grossa, um bolsão de vulnerabilidade sempre pronto para surgir novamente (Simos, 1979). Passar por uma perda ou trauma desperta dentro de nós uma energia que precisa ser descarregada. Quando não a descarregamos, o estresse se transforma em um estado de sofrimento crônico. Kritsberg (1986) chama isso de choque crônico. Sem liberação, esse sofrimento crônico é armazenado dentro de nós como um desconforto ou tensão que, a princípio, pode ser difícil de reconhecer. Podemos senti-lo ou experimentá-lo através de uma ampla gama de manifestações, como ansiedade crônica, tensão, medo ou nervosismo, raiva ou ressentimento, tristeza, vazio, insatisfação, confusão, culpa, vergonha ou, como é comum entre muitos que cresceram em famílias problemáticas, como um sentimento de entorpecimento ou "nenhum sentimento". Esses sentimentos podem ir e vir na mesma pessoa. Também pode haver dificuldade para dormir, dores e outras queixas somáticas, e o resultado pode ser uma doença mental-emocional ou física completa, incluindo TEPT. Em suma, pagamos um preço quando não vivenciamos o luto de forma completa e saudável.

Se em nossa infância sofremos perdas cujo luto não nos foi permitido vivenciar, podemos crescer carregando várias das condições mencionadas durante toda a vida adulta. Também podemos desenvolver uma tendência a comportamentos autodestrutivos ou outros sentimentos danosos. Esses comportamentos destrutivos podem causar a nós e aos outros infelicidade, nos criar dificuldades e provocar crise após crise. Quando esses comportamentos destrutivos são repetitivos, podem ser chamados de "compulsão à repetição". É como se tivéssemos um impulso ou compulsão inconsciente para continuar repetindo um ou mais desses comportamentos, mesmo que eles geralmente não nos sejam benéficos.

Filhos que cresceram em uma família problemática ou disfuncional sofrem inúmeras perdas cujo luto muitas vezes não conseguem completar. As muitas mensagens negativas que recebem quando tentam vivenciar o luto estabelecem um grande bloqueio: *não sentir* e *não falar* sobre isso (ver também o Quadro 6 no Capítulo 6). Quando essas regras e padrões aprendidos na infância e adolescência persistem na idade adulta, é difícil mudá-los. No entanto, ao curar nossa Criança Interior, ao encontrar, cuidar e ser nosso Eu Verdadeiro, podemos mudar esses comportamentos e ocorrências ineficientes. Quando o fazemos, começamos a nos libertar das amarras de nossa confusão e sofrimento repetitivos e desnecessários. Primeiro temos de *identificar* e *nomear* nossas perdas ou traumas. Daí podemos começar a *revivenciá-los, atravessando* nosso trabalho de luto e *concluindo-o*, em vez de tentar contorná-lo ou evitá-lo como fizemos até agora.

Começando o luto

Podemos começar nosso trabalho de luto por qualquer uma das várias maneiras possíveis. Algumas delas incluem começar a:

1) Identificar (ou seja, *nomear com precisão*) nossas perdas.
2) Identificar as nossas necessidades (Quadro 2).
3) Identificar nossos sentimentos e compartilhá-los (Capítulo 10).
4) Trabalhar nas questões centrais (Capítulo 9).
5) Trabalhar em um programa de recuperação.

Identificando nossas perdas e traumas

Identificar uma mágoa, perda ou trauma pode ser difícil, especialmente um que talvez tenhamos "abafado", reprimido ou suprimido. Identificar um que aconteceu há muito tempo pode ser ainda mais difícil. Embora falar sobre nossa dor e nossas preocupações possa ser útil, apenas falar ou a "terapia da fala" pode não ser suficiente para ativar sentimentos ou luto por perdas não sentidas.

É por isso que a terapia ou técnicas *experienciais* podem ser tão úteis para ativar e facilitar o trabalho do luto. Técnicas experienciais, como terapia de grupo, arriscar-se a falar sobre suas preocupações reais ou escultura familiar, permitem um foco e uma espontaneidade capazes de acessar os processos inconscientes que, de outra forma, poderiam permanecer ocultos de nossa consciência. Apenas aproximadamente 12% de nossa vida e nosso conhecimento estão em nossa percepção *consciente*, em contraste com 88% que estão em nossa percepção *inconsciente*. Essas técnicas experimentais são úteis não apenas para identificar, mas também para fazer nosso verdadeiro trabalho de luto. A seguir, estão exemplos de algumas *técnicas experimentais* que podem ser usadas para curar nossa Criança Interior através do luto por nossas mágoas, perdas ou traumas não lamentados.

1) Arriscar-se e compartilhar, especialmente sentimentos, com pessoas seguras.
2) *Storytelling* (contar nossa própria história, incluindo riscos, e compartilhamento).
3) Trabalhar por meio da transferência (o que projetamos ou "transferimos" para os outros, e vice-versa).
4) Psicodrama, reconstrução, terapia Gestalt, escultura familiar.
5) Hipnose e técnicas relacionadas.
6) Participar de reuniões de autoajuda.
7) Praticar os 12 Passos (do Al-Anon, ACA [Associação para Filhos de Alcoólatras], AA, NA, OA etc.).
8) Terapia de grupo (geralmente um local seguro e de apoio para praticar muitas dessas técnicas experienciais).
9) Terapia de casal ou terapia familiar.
10) Imagens guiadas.
11) Respiração.
12) Afirmações.
13) Análise dos sonhos.
14) Arte, movimento e ludoterapia.
15) Imaginação ativa e uso da intuição.
16) Meditação e oração.
17) Terapia corporal.
18) Manter um diário.

Essas técnicas experienciais devem ser usadas no contexto de um programa de recuperação completo, idealmente sob a orientação de um terapeuta ou mentor que conheça os princípios de cura de nossa Criança Interior.

Para ajudar ainda mais a identificar nossas perdas, especialmente aquelas cujo luto não foi trabalhado, compilei alguns exemplos de perdas (Quadro 10). Essa lista pode ser complementada relendo ou consultando o Quadro 5, que descreve alguns termos para várias perdas ou traumas que podemos ter vivenciado quando crianças ou adultos.

Uma perda pode ser súbita, gradual ou prolongada. Pode ser parcial ou completa, incerta ou interminável. Pode ocorrer isoladamente ou ser múltipla e cumulativa. Sempre pessoal, pode também ser simbólica.

A perda é uma experiência muito universal, mas, uma vez que a encontramos com tanta frequência, facilmente a ignoramos. No entanto, sempre traz consigo uma ameaça à nossa autoestima. Com efeito, a perda ocorre sempre que sofremos um golpe em nossa autoestima (Simos, 1979).

Embora seja normal que a perda ocorra separada e discretamente, o luto resultante traz à tona perdas anteriores que, sem o trabalho do luto, foram armazenadas em nosso inconsciente. Uma perda não sofrida permanece para sempre viva em nosso inconsciente, que não tem noção do tempo. Assim, as perdas passadas ou mesmo uma lembrança da perda, do mesmo modo como as perdas atuais ou a memória de perdas passadas, evocam o medo de novas perdas no futuro (Simos, 1979).

Quadro 10. Alguns exemplos de perda

Pessoas importantes – relacionamentos próximos ou significativos
Separação, divórcio, rejeição, deserção, abandono, morte, aborto, natimorte, doença, mudança geográfica, filhos saindo de casa etc.

Partes de nós mesmos
Imagem corporal, doença, acidente, perda de função, perda de controle, autoestima, independência, ego, expectativas, estilo de vida, necessidades, choque cultural, mudança de emprego etc.

Infância
Parentalidade saudável, satisfação das necessidades, desenvolvimento saudável (por estágios), objetos de transição (cobertor, brinquedo macio etc.), ganho ou perda de irmãos ou outros membros da família, mudanças corporais (por exemplo, na adolescência, meia-idade e velhice). Ameaças de perda; separação ou divórcio.

Desenvolvimento na vida adulta
Transições, incluindo a meia-idade e a velhice.

Objetos externos
Dinheiro, bens, objetos importantes (chaves, carteira etc.), carro, objetos de valor sentimental, coleções.

Fonte: compilado por Simos, 1979.

Resumindo,
    Perdas e separações passadas
        têm impacto sobre
            perdas atuais, separações e apegos.

    E todos esses fatores influenciam
        o medo de perdas futuras e
            nossa capacidade de ter afetos futuros. (Simos, 1979)

    Identificar uma perda não lamentada é
        o começo para se livrar
            de seu domínio sobre nós, muitas vezes doloroso.

Como a perda pode ser um evento muito avassalador na recuperação da dependência de álcool e outras drogas, coalcoolismo, codependência e outros efeitos do trauma, considerei dez perdas a serem lamentadas nessas condições como exemplos adicionais para pessoas que podem ter sido afetadas, para que elas continuem a identificar algumas das perdas cujo luto não vivenciaram (Quadro 11).

Quadro 11. Algumas perdas de alcoolismo, dependência química, codependência, filhos adultos de alcoólatras e de outras famílias problemáticas ou disfuncionais

1) Expectativas; esperanças, crenças
2) Autoestima
3) Partes de si (além da autoestima)
4) Estilo de vida
5) Alteração instantânea do estado de consciência e/ou alívio da dor (o álcool, a droga ou alta adrenalina)
6) Relacionamentos anteriores não experienciados
7) Estágios de desenvolvimento passados e incompletos
8) Perdas e traumas do passado cujo luto não foi vivenciado
9) Mudanças nos relacionamentos atuais
10) Ameaças de perdas futuras

Fases do luto

O luto agudo tende a seguir um curso comum, começando com choque, medo, ansiedade e raiva, progredindo para mais dor e desespero. Em seguida, termina com uma nota positiva ou negativa, dependendo das condições em torno da perda e da oportunidade da pessoa de passar pelo luto (Bowlby, 1980).

Esses estágios ou fases também podem ser descritos dividindo-os em componentes mais detalhados.

Estágio 1. **Choque, alarme** e **negação**.

Estágio 2. **Luto agudo**, consistindo em:
- Negação contínua, intermitente e decrescente.
- Dor e angústia física e psicológica.
- Emoções e impulsos contraditórios.

Comportamento de busca composto de:
- Preocupação com pensamentos sobre a perda, compulsão para falar da perda e recuperar o que foi perdido, uma sensação de esperar que algo aconteça, vaguear sem rumo e inquietação, um sentimento de estar perdido, de não saber o que fazer, incapacidade de iniciar qualquer atividade, sensação de que o tempo está suspenso, desorganização e sensação de que a vida nunca mais valerá a pena, confusão e sensação de que as coisas não são reais, medo de que tudo isso indique doença mental.
- Choro, raiva, culpa, vergonha.
- Identificar-se com traços, valores, sintomas, gostos ou características do objeto perdido.
- Regressão ou retorno a comportamentos e sentimentos de uma idade anterior ou relacionados a uma perda ou reações anteriores a ela.
- Desamparo e depressão, esperança ou desesperança, alívio.
- Diminuição da dor e aumento da capacidade de lidar com ela com o passar do tempo.
- Um impulso para encontrar significado na perda.
- Início de pensamentos sobre uma nova vida sem o que foi perdido.

Estágio 3. **Integração** da perda e do luto.

Se o resultado for *favorável*:
- Aceitação da realidade da perda e retorno ao bem-estar físico e psicológico, diminuição da frequência e intensidade do choro, autoestima restaurada, foco no presente e no futuro, capacidade de aproveitar a vida novamente, prazer pela consciência do crescimento com a

experiência, reorganização de uma nova identidade, com restituição para a perda, perda lembrada com angústia e carinho em vez de dor.

Se o resultado for *desfavorável*:

> Aceitação da realidade da perda com sensação persistente de depressão e dores físicas, baixa autoestima, reorganização de uma nova identidade com limitação de personalidade e envolvimento, vulnerabilidade a outras separações e perdas (Simos, 1979).

Subdividir esses estágios em componentes é útil para conceituar e compreender o processo de luto. No entanto, esses componentes não são separados e sequenciais – eles não tendem a seguir um ao outro em qualquer ordem prescrita. Em vez disso, tendem a se sobrepor e a se mover em torno das várias áreas e manifestações listadas aqui.

Dana era uma mulher de 28 anos que cresceu em uma família abusiva e ativamente alcoólatra. No fim da adolescência, ela se tornou alcoólatra e, há quatro anos, aos 24 anos, parou de beber e começou o tratamento para o alcoolismo. Ela esteve em nosso grupo de terapia para filhos adultos de alcoólatras e outras famílias problemáticas por aproximadamente dois anos, fazendo progressos notáveis. Quando ela terminou com o namorado, ela disse ao grupo: "Estou sofrendo muito. Sinto a pior das dores, esse vazio é muito ruim. Terminei com meu namorado há duas semanas. Essa semana eu comecei a chorar e simplesmente não conseguia parar. Estou percebendo que terminar não é tudo o que está me deixando tão mal. É a perda daquela garotinha dentro de mim. Vou para casa todas as noites e choro até dormir". Aqui ela chora e faz uma longa pausa. "Eu simplesmente não posso acreditar que aquela garotinha foi tratada tão mal assim. Mas é verdade."

Ao começar a lamentar uma perda – o relacionamento com o namorado –, ela desencadeou seu luto inacabado por outra perda – os maus-tratos e o abuso de sua Criança Interior. Esse é um exemplo de como o luto nem sempre é tão simples quanto pode parecer à primeira vista. É claro que fazia muito tempo Dana vinha vivenciando o luto pela perda de sua Criança Interior, embora de forma incompleta: inclusive pela compulsão à repetição de sair com homens que a maltratavam, por não confiar em sua madrinha do AA nem no grupo de terapia por quase todo o primeiro ano em que esteve nele. Mas aos poucos ela começou a arriscar e a contar sua verdadeira história. Ela agora está começando a se libertar dos grilhões de seu falso eu e de sua compulsão à repetição e a curar sua Criança Interior.

Para lidar com a dor do luto, *experienciamos nossos sentimentos conforme eles nos surgem*, sem tentar mudá-los. O luto é, portanto, um trabalho ativo. É um trabalho mental e emocional, exaustivo e desgastante (Simos, 1979). É tão doloroso que muitas vezes tentamos evitar a dor que vem a reboque. Algumas maneiras pelas quais podemos tentar evitar o luto incluem:

› Continuar a negar a perda.
› Intelectualizar o caso.
› Abafar nossos sentimentos.
› Assumir uma mentalidade machista (sou forte; consigo lidar com isso sozinho).
› Usar álcool, drogas ou ter outros vícios/apegos.
› Tentar, de modo prolongado, recuperar o objeto perdido.

Mesmo que possamos obter alívio temporário por esses métodos, não sentir nosso luto apenas prolonga a dor. No geral, gastamos tanta energia para evitar o luto quanto gastaríamos se fôssemos em frente e vivenciássemos o luto por nossa perda ou trauma. Quando *sentimos* algo enquanto sofremos, diminuímos seu poder sobre nós.

Ao curar nossa Criança Interior, podemos descobrir que evitamos o luto por perdas ou traumas ocorridos há muito tempo. No entanto, sofremos muito e por tempo demais por causa da nossa incapacidade de passar pelo luto. Para alguns de nós, agora pode ser hora de começar a trabalhar e concluir nosso luto.

* * *

Existem muitas maneiras de facilitar sentir e experienciar nossos sentimentos à medida que eles nos surgem. Listei várias técnicas experimentais possíveis em "Identificando nossas perdas e traumas", neste mesmo capítulo. As duas primeiras estão entre as mais prontamente disponíveis para nós: arriscar-se, compartilhar e contar nossa história para pessoas seguras e solidárias, o que descrevo no próximo capítulo.

CAPÍTULO 12

A CONTINUAÇÃO DO LUTO: CORRENDO RISCOS, COMPARTILHANDO E CONTANDO NOSSA HISTÓRIA

Correr riscos

Quando nos arriscamos, expomos a nós mesmos, nossa Criança Interior, nosso Eu Verdadeiro. Nós pagamos para ver e nos tornamos vulneráveis. Ao fazer isso, dois resultados extremos podem surgir: aceitação ou rejeição. O que quer que decidamos assumir o risco de contar sobre nós mesmos, o outro pode aceitar ou rejeitar – ou pode reagir em algum ponto intermediário.

Muitos de nós podem ter ficado tão feridos por se arriscar – seja em nossa infância, adolescência, idade adulta, seja em todos os três – que acabamos relutando ou sendo incapazes de nos arriscarmos de novo e compartilhar nosso Eu Real com os outros. No entanto, ficamos presos em um dilema: quando guardamos nossos sentimentos, pensamentos, preocupações e criatividade, nossa Criança Interior fica sufocada e nos sentimos mal, machucados. Nossa energia retida pode aumentar tanto que a única maneira de lidar com ela é liberá-la sobre *alguém*. Essa é uma situação enfrentada por muitos de nós que crescemos em famílias problemáticas. E devido a uma série de fatores, como nossa busca de aprovação, validação, excitação e intimidade, podemos escolher alguém que *não é seguro* e solidário. De fato, a pessoa pode nos rejeitar ou nos trair de alguma forma, o que pode confirmar nossa relutância em nos arriscarmos. Assim, guardamos todos os nossos sentimentos novamente e o ciclo continua. No entanto, para curar nossa Criança Interior, temos de compartilhá-la com os outros. Então, por onde começar?

Em vez de reter os sentimentos e então soltá-los por impulso ou ao acaso, podemos começar com um passo de cada vez. Encontre alguém sabidamente seguro e solidário, como um amigo de confiança, um mentor ou terapeuta, um grupo de terapia ou um apoiador. Comece se arriscando a contar uma coisa pequena. Siga a diretriz de compartilhar-verificar-compartilhar descrita anteriormente (Gravitz; Bowden, 1985). Se der certo, compartilhe um pouco mais.

Correr riscos e compartilhar envolve várias outras questões centrais, como confiança, controle, sentimentos, medo de abandono, pensamento e comportamento do tipo tudo ou nada e alta tolerância a comportamentos inadequados. Quando qualquer um desses problemas surgir, pode ser útil considerar e até mesmo começar a conversar sobre isso com pessoas seguras.

À medida que nos arriscamos, podemos finalmente começar a contar nossa história.

Contando nossa história

Contar nossa história é um ato poderoso para descobrir e curar nossa Criança Interior. É uma base de recuperação em grupos de autoajuda, terapia de grupo, psicoterapia e aconselhamento individual.

Cada uma de nossas histórias, quando completa, contém três partes básicas: separação, iniciação e retorno (Campbell, 1949). Os grupos de autoajuda de 12 Passos descrevem suas histórias como "Como éramos", "O que aconteceu" e "Como somos agora". Pessoas em terapia de grupo podem chamar isso de se arriscar, compartilhar, participar e "trabalhar" em grupo. No aconselhamento individual ou na psicoterapia, podemos usar nomes semelhantes, e os psicanalistas podem chamar de "associação livre, trabalho por meio da transferência e por meio de conflitos internos não resolvidos". Entre amigos íntimos, podemos chamar isso de "abrir o coração" ou "ter uma conversa sincera".

Ao compartilhar e contar nossa história, podemos estar cientes de que reproduzir falatórios e patinar na dor geralmente são contraproducentes para a cura. Isso ocorre em parte porque reproduzir falatórios tende a ser um ataque, e não autorrevelação, e geralmente é incompleto, obedecendo ao ciclo ou postura da vítima. Patinar na dor é continuar a expressar nosso sofrimento além de uma duração razoável para um luto saudável. Há um perigo aqui que pode ser observado em algumas reuniões de autoajuda: quando uma pessoa tenta contar uma história dolorosa que não tem solução aparente ou imediata, os outros membros, sem se dar conta, podem rotulá-la como "autopiedade" ou "vitimismo". Nesse caso, embora as reuniões de autoajuda sejam geralmente seguras e solidárias, o enlutado pode querer procurar outro lugar para expressar sua dor.

Simos (1979) disse: "O luto deve ser compartilhado. No compartilhamento, entretanto, não deve haver impaciência, censura ou tédio com a repetição, pois esta é necessária para a catarse, interiorização e, por fim, aceitação inconsciente da realidade da perda. Os enlutados são sensíveis aos sentimentos dos outros e não apenas se abstêm de revelar sentimentos àqueles que não consideram à altura do fardo de compartilhar o luto, como podem até tentar confortar os ajudantes" (ou seja, o ouvinte).

Nossa história não precisa ser o clássico "papo de bêbado", ou algo longo. Ao contarmos nossa história, falamos sobre o que é importante, significativo, confuso, conflituoso ou doloroso em nossa vida. Corremos o risco, compartilhamos, interagimos, fazemos descobertas e mais. E com isso nos curamos. Embora possamos ouvir as histórias dos outros e eles possam ouvir as nossas, talvez a característica mais benéfica seja que nós, os contadores da história, *conseguimos ouvir nossa própria história*. Embora possamos ter uma ideia sobre qual é nossa história sempre que a contarmos, ela geralmente sairá diferente do que pensávamos inicialmente.

Ilustrei o processo na Figura 2. Começando no ponto do círculo chamado "contentamento", podemos esquecer que estamos em nossa história. Por fim, em nossa vida cotidiana, experimentamos uma perda, seja uma perda real, seja uma ameaça. O palco agora está montado para o luto e o crescimento. Na Figura 2, resumi a maior parte da dor inicial de nosso luto como *mágoa*. E, quando nos sentimos magoados, tendemos a ficar com raiva.

Nesse ponto crucial, temos a possibilidade de *nos dar conta* de que sofremos uma perda ou estamos sofrendo uma situação ruim. E aqui podemos escolher assumir o *compromisso de enfrentar nossa dor emocional e nosso luto*. Podemos chamar esse ciclo de nossa história de "concluído" ou de "jornada do herói/heroína". Ou podemos permanecer *inconscientes* da possibilidade de trabalhar nossa dor em torno de nossa perda ou situação ruim. Podemos então começar a acumular ressentimento e/ou a nos culpar, o que acaba levando a uma doença relacionada ao estresse e a um sofrimento mais prolongado do que se tivéssemos trabalhado com nosso aborrecimento e nosso luto logo de cara. Podemos chamar esse ciclo de "ciclo da vítima" ou "postura do mártir/vítima".

Se nos comprometermos a trabalhar nossa dor e luto, então começaremos a compartilhar, ventilar, participar e vivenciar nosso luto. Talvez precisemos contar nossa história dessa maneira várias vezes periodicamente durante várias horas, dias, semanas ou até meses – para finalmente encerrá-la. Também tenhamos de considerá-la de outras maneiras, refletir sobre ela, sonhar com ela e até contá-la novamente.

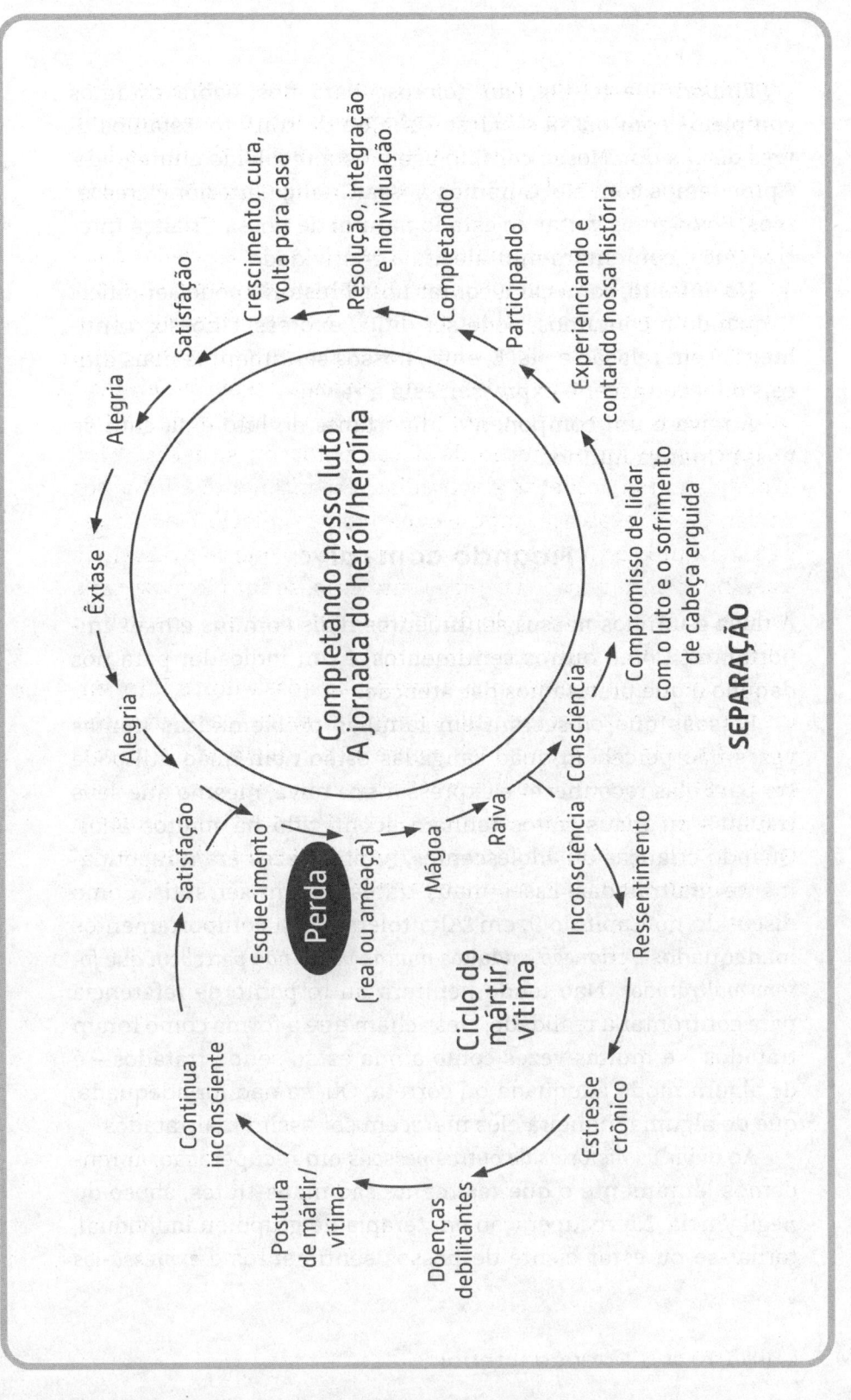

Figura 2. Nossa história.

Embora ela tenha sido dolorosa para nós, agora estamos completos com nossa situação ruim ou de conflito. Estamos livres de sua dor. Nosso conflito agora está resolvido e integrado. Aprendemos com ele. Curamos nossa Criança Interior e crescemos. E podemos voltar ao estado natural de nossa Criança Interior, que é contentamento, alegria e criatividade.

No entanto, começar a contar nossa história pode ser difícil. E, quando a contamos, pode ser difícil expressar nossos sentimentos em relação a ela. E, entre nossos sentimentos mais difíceis de reconhecer e expressar, está a raiva.

A raiva é um componente importante do luto e da cura de nossa Criança Interior.

Ficando com raiva

A raiva é um dos nossos sentimentos mais comuns e mais importantes. Como outros sentimentos, é um indicador para nós daquilo a que precisamos dar atenção.

Pessoas que cresceram em famílias problemáticas muitas vezes não percebem quão zangadas estão nem quão útil pode ser para elas reconhecer e expressar sua raiva, mesmo que seus traumas ou maus-tratos tenham acontecido há muitos anos. Quando crianças ou adolescentes, muitas vezes eram repetidamente maltratadas. Esses maus-tratos podem ser sutis. Como discutido no Capítulo 9, em "Alta tolerância a comportamentos inadequados", *crianças e adultos muitas vezes não percebem que foram maltratados*. Não tendo nenhum outro ponto de referência para confrontar a realidade, eles acham que a forma como foram tratados – e muitas vezes como ainda estão sendo tratados – é de algum modo adequada ou correta. Ou, se não for adequada, que de alguma maneira eles merecem ser assim maltratados.

Ao *ouvir as histórias de outras pessoas* em recuperação, aprendemos lentamente o que realmente são maus-tratos, abuso ou negligência. Na recuperação em terapia de grupo ou individual, tornar-se ou estar ciente de nossos sentimentos e *expressá-los* é *uma vantagem e tanto para enfim viver uma vida pacífica e bem-sucedida*. À medida que descobrimos nossos maus-tratos, podemos iniciar o processo necessário e libertador de lamentar-se e ficar de luto. Tornar-se consciente de nossa raiva e expressá-la é uma parte importante desse processo de luto.

Uma das poucas deficiências de alguns dos 12 Passos de grupos de autoajuda é o medo oculto de sentimentos e emoções, especialmente os dolorosos. Existe até um acrônimo em inglês: "HALT" [de *hungry, angry, lonely, tired*; ou seja, não fique com fome, raiva, solidão ou cansaço]. A pessoa recém-recuperada pode facilmente interpretar isso como "guarde seus sentimentos", ou, mais precisamente, "cuide melhor de si mesmo para evitar ser dominado por esses sentimentos".

Muitas pessoas em recuperação têm medo de expressar sua raiva. Muitas vezes, elas têm medo de perder o controle se realmente ficarem com raiva. Se ficassem, poderiam machucar alguém ou a si mesmas, ou algo ruim poderia acontecer. Se mergulhassem nela, muitas vezes descobririam que sua raiva não é um aborrecimento superficial, mas na verdade é fúria. E ficar enfurecido é assustador. É normal ter medo de tomar consciência e expressar plenamente nossa raiva.

Uma companhia frequente da raiva são sintomas somáticos ou nervosos, como tremores, agitação, pânico, perda de apetite e até mesmo uma sensação de excitação. Pode ser libertador entrar em contato e expressar nossa raiva. No entanto, em uma família ou ambiente problemático, a consciência saudável e a expressão de sentimentos são desencorajadas e podem até ser proibidas.

Enquanto criança, adolescente ou adulto, experimentamos uma perda ou um trauma, seja real, seja só ameaça, e a partir dessa experiência reagimos, mais basicamente, com medo e mágoa. No entanto, em um ambiente no qual *os sentimentos não podem ser expressos*, sentimos como se tivéssemos causado a perda ou o trauma. Sentimos vergonha e culpa. Mas também não é permitido expressar esses sentimentos abertamente. Portanto, podemos sentir ainda mais raiva e, se tentamos expressar isso, somos novamente esmagados. Abafando ou reprimindo repetidamente tais sentimentos, nossa Criança Interior fica confusa, triste, envergonhada e vazia. À medida que esses sentimentos dolorosos aumentam e se acumulam, eles começam a se tornar intoleráveis. Sem nenhum lugar para liberá-los, nossa única escolha parece ser bloqueá-los da melhor maneira possível – ficar entorpecido.

Na verdade, temos *mais* quatro opções, que podemos aprender à medida que envelhecemos: (1) contê-los até que fique insuportável; (2) incapazes de externá-los, ficamos física ou emocionalmente doentes e/ou podemos "explodir"; (3) encobrir a dor com álcool, drogas ou outros vícios; ou (4) expressar a dor e trabalhá-la com pessoas seguras e solidárias.

Encobrir a dor com álcool ou outras drogas, sejam elas prescritas por um médico, sejam elas autoadministradas, geralmente não é eficaz por muito tempo e pode ser perigoso – para filhos ou netos alcoólatras, em parte devido à tendência de alcoolismo e outras dependências químicas que ocorrem na família de um pai ou avô alcoólatra. Fazer isso também bloqueia ou atrasa a resolução saudável do luto. Um problema é que muitos de nós procuramos ajuda para nossa dor e recebemos medicamentos para diminuí-la, em vez de sermos informados de que estamos em processo de luto e encorajados a superá-lo.

Conter a dor até ela ficar tão insuportável a ponto de explodirmos é uma válvula de escape frequentemente usada por famílias problemáticas. Embora fazer isso seja provavelmente mais eficaz do que beber ou usar drogas, ou do que ficar entorpecido, não é nem de longe tão eficaz quanto externar a dor *quando ela acontece ou "aparece"* com uma pessoa segura e solidária.

Protegendo nossos pais: um bloqueio para o luto

No capítulo anterior, listei seis maneiras por meio das quais podemos evitar a dor do luto: negar nossa perda, intelectualizar o caso, abafar nossos sentimentos, ideias machistas, usar álcool ou drogas e tentar recuperar o objeto perdido de modo prolongado.

Ao discutirmos mais a raiva, podemos agora descrever outro bloqueio ao luto: proteger nossos pais e outros pais e figuras de autoridade de nossa raiva. Antes e durante o luto e a descoberta de nossa Criança Interior, podemos sentir, acreditar ou temer que, se ficarmos com raiva de nossos pais, isso não será apropriado ou algo ruim acontecerá. Essa crença e medo talvez estejam relacionados em parte à regra "não fale, não confie, não sinta" descrita neste livro e em outros lugares (Black, 1981). No Quadro 12, listo nove maneiras pelas quais nós, quando crianças ou adultos, tendemos a proteger nossos pais de nossa raiva.

A primeira maneira é pela negação pura e simples. Podemos dizer algo como: "Ah, minha infância foi ótima" ou "Tive uma infância normal". Tamanho foi seu trauma que muitos filhos adultos de famílias alcoólatras, problemáticas ou disfuncionais não conseguem se lembrar de 75% ou mais de suas experiências de infância. Em minha experiência clínica, no entanto, ao trabalhar em recuperação, a maioria dos filhos adultos é capaz de superar a negação e gradualmente revelar suas perdas ou traumas cujo luto não foi vivenciado e trabalhar com eles. Ouvir histórias de outras pessoas em terapia de grupo, reuniões de autoajuda e em outros lugares ajuda a identificar e reconhecer o que aconteceu conosco. Podemos então começar a mobilizar nosso luto, o que inclui ficar com raiva.

Quadro 12. Respostas, abordagens e estratégias frequentemente usadas para proteger os pais (e, portanto, bloquear a cura)

Categoria	Frases frequentes
1) **Negação total**	"Minha infância foi boa."
2) **Apaziguamento**; "Sim mas...", desconectar-se dos sentimentos	"Aconteceu, mas... eles (meus pais) fizeram o melhor possível."

3) **Ver a dor** do trauma **como uma fantasia**	"Não foi bem assim que aconteceu."
4) **Quarto Mandamento** (católicos) ou Quinto (protestantes e judaísmo)	"Deus ficará zangado comigo pela raiva que sinto do(s) meu(s) pai(s)."
5) **Medo inconsciente de rejeição**	"Se eu expressar minha raiva ou fúria, eles não vão me amar."
6) **Medo do desconhecido**	"Algo muito ruim vai acontecer. Eu posso machucar alguém, ou eles podem me machucar."
7) **Aceitar a culpa**	"Eu sou o ruim da história."
8) **Perdoar** os pais	"Vou simplesmente perdoá-los" ou "Já os perdoei."
9) **Atacar a pessoa que sugere tratamento**	"Você é mau por sugerir que eu expresse minha mágoa e raiva ou que meus pais podem ter sido ruins."

A segunda resposta, abordagem ou estratégia para proteger nossos pais é adotar uma atitude apaziguadora, como "Sim, minha infância pode ter sido um tanto ruim, mas meus pais fizeram o melhor que puderam". Fazer isso costuma ser uma maneira de nos desconectarmos de nossos sentimentos. Assumir essa postura de "Por que dar atenção a isso?" nos impede de começar o trabalho de luto necessário para nos livrarmos de nosso sofrimento.

Em seguida, enxergar a dor de nossa perda ou trauma como uma fantasia. Isso é comumente projetado em nós se fizermos nosso trabalho de recuperação em psicanálise ou psicoterapia de orientação psicanalítica. O analista ou terapeuta pode sugerir ou insinuar que, se um trauma aconteceu conosco, nunca poderemos nos lembrar dele da maneira como aconteceu *de fato*, com a implicação de que se trata de uma fantasia. Para piorar, isso mais uma vez invalida a dor de nossa Criança Interior (Miller, 1983). Acabamos concluindo algo como: "Não foi bem assim que aconteceu".

Em qualquer método de terapia ou aconselhamento, podemos ser instados a admitir que, agora, nossos medos são infundados, nossa postura de desafio não é mais necessária e nossa necessidade de aceitação foi há muito atendida pelo terapeuta, mentor ou grupo de terapia. Também podem nos dizer que, embora possamos odiar nossos pais, também os amamos, e que o que eles fizeram de errado foi feito apenas por amor. Miller (1984) diz: "O paciente adulto sabe de tudo isso, mas fica feliz em ouvi-lo novamente porque isso o ajuda mais uma vez a negar, pacificar e controlar sua Criança Interior que acabara de começar a chorar. Dessa forma, o terapeuta ou o grupo, ou ele mesmo, vai convencer a criança a abandonar seus sentimentos 'bobos', porque eles não são mais apropriados na situação atual (embora ainda intensos); um processo que poderia ter produzido resultados positivos – a saber, o despertar e o amadurecimento do Eu Verdadeiro da criança – será minado por um método de tratamento que se recusa a oferecer apoio à criança raivosa". Para nos livrarmos dos maus-tratos, geralmente precisamos ficar com raiva.

A próxima maneira de bloquear nossa raiva é pelo Quarto (ou Quinto) Mandamento, que diz: "Honra teu pai e tua mãe, para que teus dias se prolonguem sobre a terra que te dá o Senhor, teu Deus" (Êxodo 20:12).[8] É difícil decifrar ou interpretar exatamente o que a palavra "honra" significa nesse contexto. Ao longo dos séculos, no entanto, foi interpretado pela maioria dos pais como significando "não responda" e outras mensagens sufocantes para a criança. Podemos concluir desse Quarto Mandamento algo como: "Deus ficará zangado comigo se eu ficar

---

8. Bíblia Ave Maria.

zangado com meus pais. Isso não é correto" ou "Serei uma pessoa má se ficar com raiva deles". A maioria das religiões organizadas em todo o mundo tem exortações semelhantes, que tendem a sufocar nossa Criança Interior e nossa capacidade de ser real e de lidar com nossas perdas de maneira saudável.

Uma quinta maneira de evitar nossa raiva e sofrimento protegendo nossos pais é ter medo da rejeição deles. Podemos considerar, pensar ou dizer algo como: "Se eu expressar minha raiva, eles não vão me amar" ou "Eles podem me tratar como um menino mau ou menina má de novo". Esse é um medo genuíno que precisa ser expresso quando chega à nossa consciência.

Uma sexta maneira é ter medo do desconhecido ou medo de expressar sentimentos. Podemos dizer ou pensar: "Algo muito ruim vai acontecer. Eu posso machucar alguém ou eles podem me machucar". Este é outro medo genuíno que talvez precisemos expressar no tratamento. Também podemos aceitar a culpa, dizendo: "Eu sou o ruim da história".

Muitas pessoas evitam sua raiva e sua dor simplesmente "perdoando" seus pais. Presumindo que perdoar seja um ato fácil, elas podem dizer "Vou só perdoá-los". Ou, ainda mais sufocante para seu Eu Verdadeiro: "*Já os perdoei*". No entanto, a maioria das pessoas que diz isso não perdoou completamente, pois perdoar é um processo análogo, se não em grande parte *idêntico*, ao processo de luto.

Um método final para proteger nossos pais é atacar a pessoa que sugere que talvez precisemos fazer um tratamento, especialmente qualquer trabalho que envolva expressar raiva ou culpar nossos pais. Podemos dizer ou pensar algo como: "Você é louco por sugerir tal coisa!" ou "Como você ousa sugerir que meus pais podem ter sido maus?".

Por meio de uma dessas maneiras, ou de uma combinação delas, protegemos nossos pais da nossa mágoa, raiva e fúria. E, ao fazer isso, sufocamos nosso Eu Verdadeiro e bloqueamos nossa capacidade de nos recuperar de um sofrimento desnecessário. No entanto, *agora estamos munidos com o conhecimento das possibilidades desses bloqueios*. Agora, quando nos virmos usando-os de alguma forma – talvez inconscientemente, para impedir nosso luto –, podemos começar a *abandoná-los* quando estivermos prontos.

Expressando nossa raiva

Estamos aprendendo que, para curar nossa Criança Interior, é *apropriado* e *saudável* tomar consciência de nossa raiva e expressá-la. Mas como podemos fazer isso? E para quem?

Está ficando cada vez mais claro para nós que existem pessoas capazes de ouvir nossa raiva e de nos ajudar a processá-la. São as pessoas seguras e solidárias que mencionei: terapeutas, conselheiros, mentores, grupos de terapia, membros de grupos de autoajuda e amigos de confiança. Em contraste, existem outras pessoas que, por uma ou outra razão, são incapazes de tolerar ou ouvir nossa raiva. Algumas delas podem ser nossos pais e outras pessoas que, de alguma forma, podem nos lembrar deles. Se nos expressarmos da maneira como precisamos, *diretamente* para o pai ou outra pessoa em questão, é *improvável* que uma experiência de cura seja concluída. A pessoa pode muito bem não entender o que estamos tentando dizer ou fazer. Ou pode rejeitar nossa expressão, nossa tentativa de nos arriscar, e podemos nos sentir confusos, feridos e impotentes mais uma vez. Embora externar nossa raiva para essas pessoas possa ser catártico, provavelmente não nos será benéfico. E pode até acabar sendo autodestrutivo. Como elas não curaram a Criança Interior *delas*, geralmente são incapazes de participar da cura segura e solidária de outra pessoa. No entanto, podemos aprender a *estabelecer limites* com essas pessoas, para que não continuem a nos maltratar. *Estabelecemos limites tanto com firmeza quanto com amor.* Nós o fazemos não com agressividade, mas com *assertividade*.

Embora geralmente seja útil fazer as pazes e, por meio do luto e do processo de perdão, perdoar nossos pais e outras pessoas que nos maltrataram, é importante não apressar ou acelerar esse processo. Existem alguns terapeutas e conselheiros que podem insistir em fazer da reconciliação com nossos pais uma meta imediata ou final da terapia. Mas esforços prematuros nessa direção podem, na verdade, bloquear a descoberta e a cura de nossa Criança Interior. Geralmente é melhor trabalhar no nosso tempo.

E, mesmo que trabalhemos por muito tempo para descobrir e curar nossa Criança Interior, pode ser que não sejamos capazes de resolver nossas diferenças com nossos pais. Chegamos à conclusão de que não podemos consertá-los. Eles são como são, e nada que possamos fazer mudará isso. Por isso, abrimos mão.

Para algumas pessoas cujos pais ou outras pessoas – como um alcoólatra ativo, violento ou abusador – são "tóxicos", pode ser útil separar-se deles por alguns meses ou um ano, ou mais. Essa separação ou período de "desintoxicação" fornece espaço e paz que nos permitirão começar a descobrir e curar nossa Criança Interior.

Outros princípios

Quanto mais fomos feridos pelo objeto ou evento perdido pelo qual nos lamentamos, em geral, mais raiva sentimos. E mesmo que tivéssemos um relacionamento bastante saudável com o objeto perdido, ainda podemos ficar com raiva dele por nos deixar desamparados e privados. Também podemos ficar com raiva de outras pessoas, inclusive aquelas que acreditamos serem responsáveis de alguma forma pela perda, e com qualquer pessoa que não esteja sofrendo como nós. Por fim, podemos ficar com raiva por ter que pagar por aconselhamento e até mesmo com nossos mentores ou terapeutas por nos pressionarem a fazer nosso trabalho de luto.

***

Por fim, depois de termos trabalhado nossa raiva e o resto do nosso luto, abrimos mão da nossa raiva e do nosso sofrimento. Chegamos a um ponto em que estamos fartos. No próximo capítulo, abordarei as várias características do processo de transformação à medida que nos curamos.

CAPÍTULO 13

TRANSFORMANDO

DE VÁRIAS MANEIRAS, ENTRE AS QUAIS SER REAL, AUTORREFLEXÃO, trabalho em grupos de terapia, grupos de autoajuda e aconselhamento, muitas pessoas estão transformando suas vidas para se tornarem mais livres, completas e realizadas.

A transformação é uma mudança de forma, uma reformulação, uma reestruturação. Em última análise, deixamos de viver nossa vida visando chegar a algum lugar para viver nossa vida como uma expressão de nosso ser. Quando nos transformamos, alteramos nossa percepção ou consciência. Mudamos de um domínio da realidade e do ser para outro. Por meio dessa mudança, crescemos e transcendemos para níveis mais elevados de existência, mais poderosos, mais pacíficos e mais criativos. Ao mesmo tempo que experimentamos mais poder pessoal e mais possibilidades e escolhas, também começamos a assumir mais responsabilidade por fazer nossas vidas funcionarem (Whitfield, 1985).

No estágio transformador da recuperação, trabalhamos para *expor* as partes vulneráveis de nossa Criança Interior e quase paradoxalmente ao mesmo tempo reivindicamos o poder que está inerentemente lá, *dentro* de nossa Criança (George; Richo, 1986). Transformamos as partes pesadas e muitas vezes disfuncionais de nossas vidas em partes positivas e mais funcionais. Por exemplo, quando identificamos, trabalhamos e mudamos nossos problemas centrais, podemos fazer algumas das transformações que se seguem.

Pode não ser fácil fazer essas mudanças em nossas vidas. Temos que trabalhar isso nos arriscando, contando nossa história para pessoas seguras e solidárias. No entanto, quando nos transformamos, geralmente não é o caso de, um dia, nos sentirmos com baixa autoestima, então desejamos nos sentir melhor e na manhã seguinte acordamos com uma autoestima inabalável. Na verdade, esse tipo de mudança de vida tem etapas específicas.

Trabalhar em uma *única* questão por vez que nos *preocupa* ou nos *surge* é geralmente a maneira mais eficiente de realizar o processo de transformação. Gravitz e Bowden chamam isso de "desmembrar", ou em decompor um possível plano ou solução em um passo a passo ou em partes componentes. Forneço um esboço inicial para algumas dessas etapas no Quadro 13.

Problemas a serem tratados	Transformados em
Luto por problemas passados e atuais	Luto por perdas atuais
Dificuldade em ser real	Ser real
Negligenciar nossas necessidades	Satisfazer nossas necessidades
Ser excessivamente responsável pelos outros	Ser responsável por si mesmo, com limites claros
Baixa autoestima	Melhorias na autoestima
Controle	Assumir a responsabilidade, abrindo mão do controle
Modo tudo ou nada	Libertar-se do tudo ou nada

Dificuldade em confiar	Confiança apropriada
Dificuldade com sentimentos	Observar e usar nossos sentimentos
Alta tolerância a comportamentos inadequados	Saber o que é apropriado e, não sabendo, perguntar a uma pessoa segura
Medo do abandono	Libertar-se do medo do abandono
Dificuldade em resolver conflitos	Resolver conflitos
Dificuldade em dar e receber amor	Amar a si mesmo, aos outros e ao Poder Superior

Quadro 13. Alguns passos na transformação e integração de questões centrais para a cura de nossa Criança Interior

Problemas a serem tratados	Iniciante	Intermediário	Avançado	Recuperado
1) Luto	Identificar nossas perdas	Aprender a vivenciar o luto	Em luto	Em luto por perdas atuais
2) Ser real	Identificar nosso Eu Real	Praticar ser real		Ser real
3) Negligenciar nossas necessidades	Perceber que temos necessidades	Identificar nossas necessidades	Começar a satisfazer nossas necessidades	Satisfazer nossas necessidades
4) Ser excessivamente responsável pelos outros etc.	Identificar limites	Explicar os limites	Aprender a estabelecer limites	Ser responsável por si mesmo, com limites claros
5) Baixa autoestima	Identificar	Compartilhar	Afirmar	Autoestima melhorada
6) Controle	Identificar	Começar a abrir mão	Assumir responsabilidade	Assumir a responsabilidade e, ao mesmo tempo, abrir mão do controle
7) Tudo ou nada	Reconhecer e identificar	Aprender escolhas do tipo ambos/e	Libertar-se	Liberdade de escolhas do tipo tudo ou nada
8) Confiança	Perceber que confiar pode ser benéfico	Confiar seletivamente	Aprender a confiar em pessoas seguras	Confiar apropriadamente
9) Sentimentos	Reconhecer e identificar	Experienciar	Usar	Observar e usar sentimentos
10) Alta tolerância a comportamentos inadequados	Questionar o que é apropriado e o que não é	Aprender o que é apropriado e o que não é	Aprender a impor limites	Saber o que é apropriado e, não sabendo, perguntar a uma pessoa segura
11) Medo de abandono	Perceber que fomos abandonados ou negligenciados	Falar a respeito	Em luto por termos sido abandonados	Libertar-se do medo de abandono
12) Dificuldade em lidar com conflitos e resolvê-los	Reconhecer e arriscar	Praticar a expressão dos sentimentos	Resolver conflitos	Resolver conflitos atuais
13/14) Dificuldade em dar e	Definir amor	Praticar o amor	Perdoar e aprimorar	Amar a si mesmo, aos outros e ao Poder Superior

Joan era uma mulher de 33 anos que estava trabalhando na questão central da negligência das próprias necessidades. Desde quando conseguia se lembrar, ela quase sempre se concentrava nas necessidades de outras pessoas e acabava negligenciando as suas. Ela desenvolveu um padrão de se associar a pessoas particularmente carentes, o que a ajudava a se concentrar nos outros. Na terapia de grupo, ela disse: "Até agora, nunca tinha percebido de verdade que eu *tinha* necessidades. Era uma ideia estranha para mim. Mas estou começando a ver que tenho, sim. A necessidade em que estou trabalhando agora é poder relaxar e me divertir. Até mesmo a palavra "trabalhando" pode soar estranha para esse problema, mas é o que estou fazendo. Estou sempre tão séria que nem sei o que é soltar o cabelo e me divertir. Acho que nunca aprendi a ser criança e a *brincar* como tal. Sempre fui super-responsável. Minha mentora me deu a tarefa de dedicar trinta minutos por dia apenas para brincar, relaxar ou me divertir. E ela quer que eu faça isso por uma hora todo sábado e domingo. Não tenho certeza se vou conseguir fazer isso. Mas estou tentando. Depois de fazer isso no primeiro dia, esqueci nos cinco dias seguintes. Então percebo que estou resistindo".

Ao subdividir o processo de satisfação das suas necessidades – primeiro *perceber* que *temos* necessidades e, em seguida, começar a *identificá-las* e nomeá-las com precisão –, começamos a trabalhar na questão de negligenciar nossas necessidades. Cumprir *só esses passos* em relação às nossas necessidades pode *levar vários meses* ou mais. Uma hora começaremos a ter uma ou mais de nossas necessidades atendidas com regularidade. Com maior conscientização, trabalho contínuo e atenção às nossas necessidades, teremos transformado nossas vidas de modo a, de fato, atender às nossas necessidades na maior parte do tempo.

Depois de tomar conhecimento dos problemas centrais, agora trabalhamos neles. Ficando mais conscientes, agimos sobre o que vivenciamos, chamando as coisas pelo que são. Aprendemos a *respeitar nosso próprio sistema de monitoramento interno* – nossos *sentidos e reações*. Ignorar ou negligenciar essa parte crucial de nós agora é coisa do passado. Estamos abertos aos nossos sentimentos, sentidos e reações, todos parte importante do nosso Eu Real.

Quando útil, usamos o processo verificar-compartilhar-verificar, descrito anteriormente (Gravitz; Bowden, 1985). Compartilhamos um pouco por vez e verificamos a resposta da outra pessoa. Se sentimos que ela está ouvindo, que está sendo sincera e não vai nos rejeitar ou trair, podemos optar por compartilhar um pouco mais e depois verificar de novo.

Deixando de ser uma vítima

Também começamos a enxergar conexões entre como estamos agora e o que nos aconteceu quando éramos pequenos. À medida que compartilhamos nossa história, começamos a nos libertar de ser uma vítima ou um mártir, e da compulsão à repetição.

Richard era um homem de 42 anos, pai de três filhos e um empresário bem-sucedido. Ele tinha se casado com duas mulheres que se revelaram alcoólatras; ele estava então em processo de divórcio de sua segunda esposa.

"Até agora, eu nunca tinha percebido o que estava fazendo. Com a ajuda do aconselhamento e desse grupo, descobri um padrão que acabou me prejudicando. Minha mãe era alcoólatra, embora eu nunca tenha percebido isso, e certamente não conseguia admitir até agora. Acho que nunca pude ajudá-la, então tive que sair – sem perceber o que estava fazendo – e encontrar mulheres a quem *pudesse* ajudar. Mas também não consegui ajudar nenhuma delas. O Al-Anon e este grupo de terapia me ajudaram a enxergar isso. Meus olhos agora estão abertos para tentar evitar meus erros anteriores. Eu me sinto melhor comigo mesmo agora."

Richard transformou uma parte da sua vida, a forma como cria e vive a sua história. O que ele transformou foram sua consciência, suas ações e seus comportamentos. A história de vida que ele cria e conta agora é a de um ex-mártir/vítima em recuperação que, sem saber, agia sob a compulsão à repetição, passando a ser uma pessoa que está mais consciente do que está sentindo e fazendo. Como descrevi em "Contando nossa história", ele agora saiu do ciclo mártir/vítima e entrou na jornada do herói/heroína. A seguir, estão algumas descrições adicionais de alguns dos componentes nessas duas extremidades do espectro de transformação.

Ciclo mártir/vítima	**Jornada do herói/heroína**
Falso eu	Eu Verdadeiro
Autolimitação	Autoexpansão
Em outro lugar e no passado	Aqui e agora
Assuntos não finalizados	Assuntos finalizados e em finalização
Poucos direitos pessoais	Muitos direitos pessoais
Estagnação, regressão	Crescimento
Pouco compartilhamento	Compartilhamento apropriado
Repetição da história	História crescente
Compulsão à repetição	Conta sua história
Impulsivo e compulsivo	Espontâneo e fluido
Muita coisa inconsciente	Bastante coisa consciente

Estagnação inconsciente	Se torna e é cada vez mais consciente
Desfocado	Focado
Não está trabalhando em um programa de recuperação	Trabalha em um programa de recuperação
Menos aberto ao que os outros têm a dizer	Aberto ao que pessoas seguras têm a dizer
Graus variados de "porre seco"	Trabalhando a dor e apreciando a alegria
Agindo "por conta própria"	Cocriação
Frequentemente grandiloquente	Humilde, mas confiante
Menos possibilidades e escolhas	Mais possibilidades e escolhas
"Sonho infeliz"	"Sonho feliz" (do livro *Um curso em milagres*)
Exclusão do Poder Superior	Inclusão do Poder Superior
Doença	Saúde
Maldição	Bênção

Na recuperação, nossos problemas centrais ressurgem muitas vezes, e continuamos a nos tornar mais conscientes deles à medida que os tratamos. Assim, descobrimos que essas questões não são isoladas, mas muitas vezes *interagem* ou até *incluem* outras. Por exemplo, a questão da confiança muitas vezes interage ou mesmo inclui as questões de tudo ou nada, controle e baixa autoestima.

Abrir mão, virar a página e o processo de perdão

Muitas pessoas entram em um programa de 12 Passos ou outro programa de recuperação de alcoolismo, dependência química, alimentação compulsiva, neurose ou outras formas de sofrimento, e depois de frequentar o programa, e até mesmo se tratar por dois ou mais, ainda sentem dor emocional. Frequentemente, quando alguém menciona questões familiares, raiva ou confusão em uma reunião padrão dos 12 Passos, o grupo as evita ou alguém diz "Por que você simplesmente não vira a página?", como se fosse fácil nos livrarmos de nossa confusão e sofrimento de uma hora para a outra. ("Virar a página" geralmente significa entregar nosso aborrecimento ou ressentimento nas mãos de um Poder Superior.)

Mas não podemos "virar a página" sem primeiro saber *qual* é a página que queremos virar. Precisamos conhecê-la *mais profundamente* – começando a *experienciar* nossos conflitos, sentimentos e frustrações. Experienciamos não no *intelecto*, mas mais profundamente, em nosso "coração, entranhas e ossos", no cerne ou nas fibras de nosso ser. Podemos facilitar nossa experiência nos arriscando, conversando e contando nossa história a pessoas seguras. Quanto mais profunda nossa ferida ou trauma, seja do passado, seja atual, mais frequentemente teremos que contar nossa história e passar pelo luto por não conseguir o que queríamos. Isso pode levar meses ou às vezes até anos de conversa e expressão de nossos sentimentos relativos a nossas mágoas e feridas.

Somente depois de termos identificado e experienciado nossa dor até o fim é que somos autenticamente capazes de começar a considerar a *possibilidade* de que temos uma *escolha*, que é continuar sofrendo ou parar de sofrer pelo que quer que descobrimos que nos preocupa, pelo que quer que nos perturbe. Se escolhermos parar de sofrer e nos sentirmos prontos de verdade para isso, poderemos *abrir mão*. Normalmente, é apenas nesse ponto que somos capazes de "virar a página" e realmente nos libertar. Podem-se atribuir vários nomes a todo esse passo a passo, incluindo processo de perdão, processo de desapego, virar a página, decatexia ou simplesmente "abrir mão".

Podemos resumir esse processo da seguinte forma:

1. *Conscientizar-nos* de nosso aborrecimento ou preocupação.
2. *Experienciá-lo*, incluindo contar nossa história.
3. Considerar a *possibilidade* de que temos a *opção* de parar de sofrer, e então:
4. *Abrir mão*.

Ao curar nossa Criança Interior, trabalhamos nesse processo de identificação ou conscientização, experienciando e depois abrindo mão. Como a maioria de nós já sofreu um grande número de perdas em nossas vidas por cujo luto não passamos, trabalhar nelas pode levar muito tempo. É um teste para nossa *paciência*. Em tom de brincadeira, alguns apelam para a oração por paciência: "Deus (Poder Superior etc.), por favor, me dê paciência, e me dê agora!".

Sendo assertivo

Durante o estágio de transformação na cura de nossa Criança Interior, começamos a nos conscientizar da diferença entre ser assertivo e ser agressivo. Ser agressivo geralmente é algum tipo de comportamento de ataque – verbal, não verbal ou físico – que *pode* nos dar o que queremos, mas geralmente deixa a nós e à outra pessoa chateados ou mal com a interação. Por outro lado, ser assertivo geralmente nos ajuda a conseguir o que queremos ou precisamos, mas *sem* nos deixar chateados ou nos sentindo mal. Na verdade, um indicador importante de que fomos assertivos é que nós e a outra pessoa nos sentimos bem ou mesmo ótimos com a interação.

Muitos filhos que crescem em famílias problemáticas ou disfuncionais aprendem a ser agressivos ou manipuladores, a se retirar ou a se retrair. Eles não conseguem aquilo que querem ou de que precisam. Elas quase nunca veem modelos de assertividade, raramente são ensinados a serem assertivos e, assim, crescem como adultos que operam sendo agressivos e/ou manipuladores ou passivos "para agradar as pessoas", ou uma combinação destes.

Ser assertivo geralmente nos dá o que queremos ou precisamos. Mas aprender a fazer isso geralmente requer prática. Algumas ocasiões para praticar a assertividade é com as pessoas seguras e solidárias mencionadas ao longo deste livro. Um lugar especialmente produtivo para praticar a assertividade é em um grupo de terapia. Algumas pessoas, no entanto, também encontrarão a necessidade de fazer um curso de treinamento de assertividade. Esses cursos geralmente estão disponíveis na maioria das comunidades e são baratos.

Bob era um contador de 30 anos que se juntou a um grupo de terapia para filhos adultos de famílias problemáticas. Ele era tímido, retraído e quieto no grupo. Por mais que tentasse, ele não conseguia transmitir seus pontos de vista nas reuniões. Um membro do grupo que fez um treinamento de assertividade sugeriu que ele também fizesse esse curso. Depois disso, Bob tornou-se muito mais ativo e expressivo dentro e fora do grupo. "Aprendi a falar por mim mesmo", ele nos disse. "Agora, quando algo está me incomodando ou quando eu quero algo, eu ponho para fora. Ainda é difícil para mim, mas agora me obrigo a falar depois de pensar no que quero dizer. E, a cada vez que consigo ser assertivo, fica um pouco mais fácil."

Quando nos transformamos e nos tornamos assertivos, os outros ao nosso redor podem ficar surpresos com nossa mudança. Eles podem até tentar nos fazer pensar que há algo errado por causa dessa mudança.

Joe era um homem casado de 52 anos, pai de um filho, que cresceu em uma família problemática que tinha muita dificuldade com limites – sempre se metiam na vida um do outro. Ele passou a infância e grande parte da vida adulta confuso, ressentido e triste. Em sua recuperação, ele começou a se tornar mais assertivo e seguro de si. "Recentemente, quando enfrentei meu pai após ele me maltratar, me senti muito bem com isso, porque fui assertivo. Mais tarde, minha mãe, que me viu sendo assertivo com ele, disse à minha irmã: 'Não sei o que há de errado com seu irmão Joe ultimamente. Ele está tão diferente. Fico me perguntando o que há de errado com ele'... como se eu fosse louco ou algo assim. Se eu não tivesse minha esposa e este grupo para conversar, provavelmente acreditaria nela, que talvez haja algo errado comigo, que talvez eu esteja ficando louco. Mas sei que não estou – na verdade, estou ficando *mais saudável*."

Joe está tendo uma experiência comum a muitas pessoas em recuperação que estão curando sua Criança Interior. Muitas vezes, as pessoas que nos conheceram no passado ou nos conhecem agora conseguem notar que mudamos. Dependendo de onde estamos em nossa recuperação, elas podem notar essa mudança em particular e ficar com medo de que também precisem mudar algum dia. O medo pode crescer nelas a ponto de, para lidar com isso, muitas vezes despejarem esse medo nos outros, usualmente na pessoa que viram mudar. Para algumas pessoas, pode ser ameaçador ver os outros mudarem.

Uma "Declaração de Direitos" pessoal

No estágio de transformação, começamos a descobrir que temos direitos como seres humanos individuais. Quando crianças e até mesmo já adultos, podemos ter sido tratados pelos outros como se tivéssemos poucos ou nenhum direito. Nós mesmos talvez tenhamos chegado a acreditar que não tínhamos direito nenhum. E podemos estar vivendo nossas vidas agora como se não tivéssemos direitos.

À medida que recuperamos e curamos nossa Criança Interior, podemos elaborar nossa "Declaração de Direitos" pessoal. Como parte dos grupos de terapia que facilitei, pedi aos membros do grupo que considerassem quais eram seus direitos, que os escrevessem e os compartilhassem com o grupo. O que se segue é uma compilação de direitos criada por vários grupos.

"Declaração de Direitos" pessoal

1. Tenho inúmeras opções em minha vida além da mera sobrevivência.
2. Tenho o direito de descobrir e conhecer minha Criança Interior.
3. Tenho o direito de ficar de luto por aquilo de que eu precisava e não tive ou por algo que recebi e de que não precisava ou não queria.
4. Tenho o direito de seguir meus próprios valores e padrões.
5. Tenho o direito de dizer *não* a qualquer coisa quando sinto que não estou pronto, que é insegura ou que viola meus valores.
6. Tenho direito à dignidade e ao respeito.
7. Tenho o direito de tomar decisões.
8. Tenho o direito de determinar e fazer valer minhas prioridades.
9. Tenho o direito de ter minhas necessidades e desejos respeitados pelos outros.
10. Tenho o direito de encerrar conversas com pessoas que fazem com que eu me sinta rebaixado e humilhado.
11. Tenho o direito de não ser responsável pelo comportamento, por ações, sentimentos ou problemas dos outros.
12. Tenho o direito de errar e não ser perfeito.
13. Tenho direito a todos os meus sentimentos.
14. Tenho o direito de ficar com raiva de alguém que amo.
15. Tenho o direito de ser exclusivamente eu, sem sentir que não sou bom o suficiente.
16. Tenho o direito de sentir medo e de dizer "estou com medo".
17. Tenho o direito de experienciar e depois me livrar do medo, da culpa e da vergonha.
18. Tenho o direito de tomar decisões com base em meus sentimentos, meu discernimento ou qualquer motivo que eu escolher.
19. Tenho o direito de mudar de ideia a qualquer momento.
20. Tenho o direito de ser feliz.
21. Tenho direito ao meu próprio espaço pessoal e à necessidade de tempo.
22. Não há problema em ser descontraído, brincalhão e frívolo.

23. Tenho o direito de mudar e crescer.
24. Tenho o direito de estar aberto para melhorar minhas habilidades de comunicação para que eu seja compreendido.
25. Tenho o direito de fazer amigos e me sentir confortável com as pessoas.
26. Tenho o direito de estar em um ambiente não abusivo.
27. Posso ser mais saudável do que as pessoas ao meu redor.
28. Eu posso cuidar de mim mesmo, não importa o que aconteça.
29. Tenho o direito de vivenciar o luto de perdas, sejam elas reais, sejam só ameaças.
30. Tenho o direito de confiar nas pessoas que merecem minha confiança.
31. Tenho o direito de perdoar os outros e de me perdoar.
32. Tenho o direito de dar e receber amor incondicional.

Talvez seja bom você considerar se tem algum desses direitos. Minha crença é de que todo ser humano tem todos esses direitos e muitos mais.

À medida que nos transformamos, começamos a integrar nossas transformações em nossas vidas.

CAPÍTULO 14

INTEGRANDO

À MEDIDA QUE NOS TRANSFORMAMOS, COMEÇAMOS A INTEGRAR E A aplicar nossa transformação em nossa vida diária. Integrar significa fazer um todo a partir de partes separadas. Curar significa mover-se em direção à totalidade ou à integração – "entrar em ordem" (Epstein, 1986). Cura e integração são o oposto da confusão e do caos do passado. Agora usamos tudo o que aprendemos em nosso trabalho de recuperação e o integramos para o bem em nossa vida.

Nesse estágio, temos cada vez menos confusão e dificuldade em usar o que trabalhamos e aprendemos. Agora simplesmente *fazemos* o que precisa ser feito, quase por reflexo.

No estágio de integração, somos apenas quem somos e não precisamos nos desculpar com ninguém por sermos nós mesmos. Agora podemos relaxar, brincar e nos divertir sem culpa. Ao mesmo tempo, aprendemos a estabelecer limites sempre que isso é apropriado para nossas necessidades. Conhecemos nossos direitos e agimos de acordo com eles.

Podemos começar a montar uma imagem que ajude a explicar esse *processo* de cura de nossa Criança Interior (Figura 3). Nesta ilustração, vemos que a recuperação não é um acontecimento estático ou um evento. Não é algo que simplesmente nos acontece e então começamos a aproveitar a vida. A recuperação não é um evento tudo ou nada. Na verdade, é um *processo* contínuo que persiste no aqui e agora, durante uma multiplicidade de aquis e agoras.

Em nossa recuperação, não despertamos apenas uma vez. Acordamos inúmeras vezes. E não nos arriscamos ao contar nossa história apenas uma vez. Nós a contamos muitas vezes

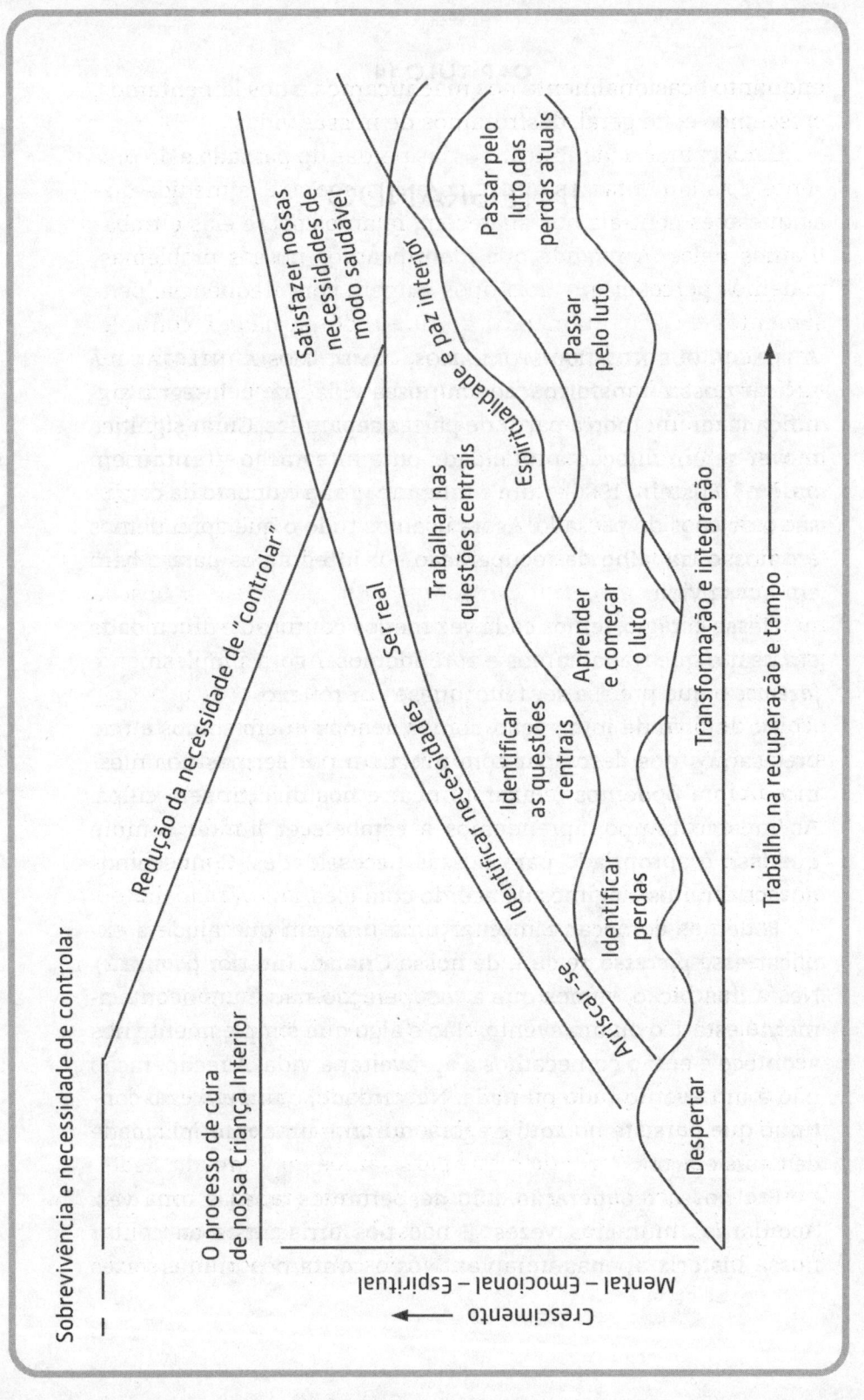

Figura 3. Processo de cura da Criança Interior.

enquanto ocasionalmente nos machucamos e nos lamentamos, crescemos e, no geral, desfrutamos de nossas vidas.

Começamos a identificar nossas perdas do passado e do presente e as lamentamos à medida que surgem. E, à medida que as questões centrais nos aparecem, falamos sobre elas e trabalhamos nelas. À medida que identificamos nossos problemas, podemos perceber que dois tipos surgem com frequência: pensamentos e comportamentos do tipo tudo ou nada e controle. Dependendo do número e da gravidade de nossas perdas sem luto, talvez tenhamos precisado usar esse tipo de pensamento e comportamento para sobreviver (ver a parte superior esquerda da Figura 3). Como criança pequena, havia poucas outras maneiras. Mas agora, no estágio de transformação e integração, começamos a nos libertar de seu domínio sobre nós. E, ao fazê-lo, notamos que nossa necessidade de controle diminui gradualmente.

Começamos a identificar nossas necessidades e a buscar maneiras de atendê-las de maneira saudável. E começamos a praticar ser reais sendo nosso Eu Real.

Curar nossa Criança Interior geralmente não é algo que ocorre de forma linear, como as sequências da Figura 3 talvez sugiram. Em vez disso, a cura tende a ocorrer em ondas, ou de forma circular e depois em espiral, como nossa própria história. Cada vez que completamos e integramos uma história – um "episódio" específico da nossa história de vida –, ficamos livres para criar uma história mais nova, maior e mais verdadeira ou sincera. Parte dessa verdade e sinceridade tem a ver com sermos reais, sermos quem realmente somos. À medida que progredimos e crescemos na vida, compilamos e criamos histórias cada vez maiores e depois integramos cada uma delas em nossa vida (ver a Figura 4).

Em nossa cura, integração e crescimento, muitas vezes haverá o que parece ser uma regressão ou um retrocesso. Podemos sentir que perdemos tudo o que parecíamos ter ganhado. Podemos acabar nos sentindo confusos, sem esperança e com dor. Trata-se de um ponto crucial em nossa história e em nossa vida. É uma oportunidade para aprendermos algo importante sobre nossa Criança Interior. Porque, se permanecermos com nossos sentimentos e nossas experiências do Momento Presente, do Agora, mesmo que tudo pareça perdido, provavelmente descobriremos mais uma vez que a saída de nossa dor é através dela. Nós nos ajudamos a atravessá-la estando nela e contando nossa história sobre ela para outras pessoas de confiança.

Também nos será útil experimentar a dor e a alegria na solidão. Pode ser que, nesse momento de solidão, consideremos existir na vida algo mais poderoso do que nós. Embora isso possa ser difícil, se ousarmos, poderemos até mesmo adentrar um estado de humildade e rendição, e fazer pedidos como: "Se existe um Deus ou um Poder Superior por aí, por favor, me ajude".

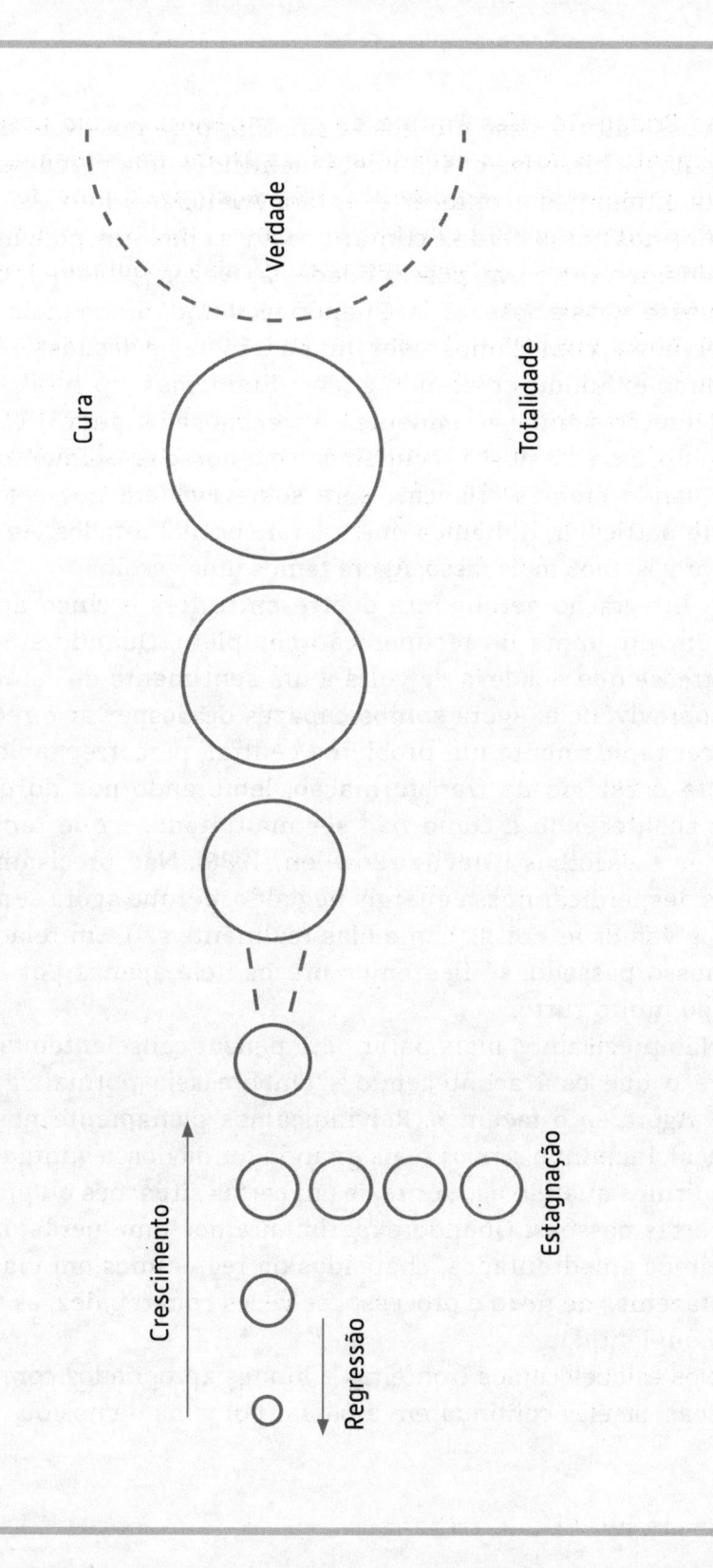

Figura 4. Cocriando nossa história (cada círculo é uma história).

A essa altura, esse processo é familiar para nós. Não apenas a nossa história, mas também identificar uma perda sempre que uma nos acontecer e, então, vivenciar o luto. Ao lamentarmos nossa perda e contarmos nossa história, podemos considerar uma nova possibilidade: às vezes, podemos dar um passo atrás e observá-la. Quando recuamos ainda mais e a observamos, começamos a ver um padrão de *muitas* histórias, vazando e fluindo, crescendo e regredindo, mas, no geral, em uma direção sempre ascendente e em expansão (Figura 5). Com o tempo, essa é a nossa recuperação e o nosso crescimento.

Quando éramos crianças, para sobreviver em nosso ambiente particular, tínhamos que tolerar ser maltratados. Agora não precisamos mais disso. Agora temos uma escolha.

A integração geralmente ocorre entre três e cinco anos em um programa de recuperação completo. Quando surgir o estresse que nos leva de volta a um sentimento de estágio de sobrevivência, agora somos capazes de despertar e reconhecer rapidamente um problema central, percorrer rapidamente o estágio de transformação, lembrando-nos do que está acontecendo e como não ser maltratado, e que temos limites e escolhas (Gravitz; Bowden, 1986). Não precisamos mais desperdiçar nossa energia negando, porque agora sentimos e vemos as coisas como elas realmente são. Em relação ao nosso passado, só ficaremos presos nele apenas por um tempo muito curto.

Não precisamos mais parar para pensar conscientemente sobre o que está acontecendo – embora seja normal fazer isso. Agora só o fazemos. Reivindicamos plenamente nosso Eu Real, incluindo *sermos* reais quando for da nossa vontade e decidirmos quando *não* ser reais em certas situações ou perto de certas pessoas. Quando experimentamos uma perda, nos sentimos amedrontados, chateados ou regredimos em idade, nós fazemos de novo o processo, às vezes com rapidez, às vezes com lentidão.

Nós estabelecemos fronteiras e limites apropriados com as pessoas. Se elas continuarem a passar por cima de nós ou nos ignorar, dizemos: "Não, você não pode mais fazer isso", ou saímos. Não ficamos mais debaixo da chuva fingindo que não está chovendo (Gravitz; Bowden, 1986). Não somos mais vítimas ou mártires.

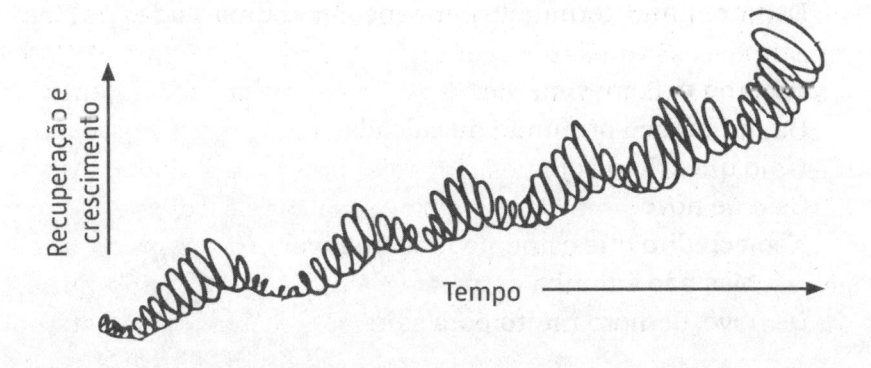

Figura 5. Recuperação e crescimento ao longo das vivências, do relato de nossa história e da observação de tudo.

Nossa jornada até agora para curar nossa Criança Interior pode ser resumida, em parte, no seguinte poema de Portia Nelson:

Autobiografia em cinco pequenos capítulos

1) Caminho pela rua.
    Há um buraco profundo na calçada.
    Caio nele.
    Estou perdido... sem esperanças.
        Não é minha culpa.
    Demora uma eternidade para encontrar uma saída.

2) Caminho pela mesma rua.
    Há um buraco profundo na calçada.
    Finjo que não o vejo.
    Caio de novo.
    Não acredito que estou no mesmo lugar.
        Mas não é minha culpa.
    De novo, demoro muito para sair.

3) Caminho pela mesma rua.
    Há um buraco profundo na calçada.
    Eu vejo que ele está lá.
    Ainda caio... é um hábito.
        Meus olhos estão abertos
        Eu sei onde estou.
    É minha culpa.
    Eu saio imediatamente.

4) Caminho pela mesma rua.
    Há um buraco profundo na calçada.
    Eu desvio dele.

5) Caminho por outra rua.

© 1980, Portia Nelson

CAPÍTULO 15

O PAPEL DA ESPIRITUALIDADE

No trabalho de recuperação, a espiritualidade é uma área tão vasta que neste breve capítulo só será possível começar a descrevê-la. No entanto, ela é muito útil – alguns dizem que é crucial – na cura de nossa Criança Interior.

A espiritualidade é o último "estágio" em nossa recuperação. E, paradoxalmente, nunca poderá ser uma etapa, pois é um processo contínuo para a nossa dor, cura e serenidade.

Começando a definir a espiritualidade

Talvez em uma de suas definições possivelmente mais breves, a espiritualidade tenha a ver com as *relações* que temos com nós mesmos, com os outros e com o Universo. É caracterizada por vários conceitos e princípios-chave, um dos quais o fato de ser *paradoxal*, já que condições, entidades ou experiências aparentemente opostas coexistem confortavelmente juntas. Por exemplo, a espiritualidade é tanto *sutil* quanto *poderosa*. É como a nossa respiração. Passamos a maior parte do dia sem perceber que estamos respirando. No entanto, nossa respiração é tão poderosa que, se a interrompermos, morremos.

A espiritualidade é *pessoal*. Cada um de nós deve descobri-la por conta própria, à sua maneira. Ela é muito *útil*, uma vez que lida com um amplo espectro de questões da vida, desde o aprendizado da confiança básica até a libertação do sofrimento. E a espiritualidade é *vivencial*. Para apreciá-la, usá-la e percebê-la, temos que vivenciá-la. Em última análise, não é possível conhecê-la por meio de nosso intelecto ou da razão. Ela não é cognoscível. É apenas "vivível".

Ela é *indescritível*. É tão vasta que, mesmo se fôssemos ler todos os grandes livros sagrados do mundo e ouvir todos os grandes mestres espirituais, ainda não a compreenderíamos. A espiritualidade é *inclusiva* e *solidária*. Não rejeita nada. E é aqui que a religião organizada pode entrar, porque faz parte da espiritualidade. Assim, embora a espiritualidade não seja uma religião organizada, ela a inclui, a sustenta e então a transcende.

Ela *cura* e *induz crescimento* e, portanto, em última análise, é *recompensadora*. A jornada de descoberta e cura descrita ao longo deste livro é real e fundamentalmente uma jornada espiritual, embora geralmente não a vejamos como tal no início. À medida que entramos e trabalhamos em cada estágio de cura, passamos para o próximo estágio. E, quando passamos de um estágio para outro, não abandonamos ou cancelamos os estágios anteriores. Em vez disso, nós os *transcendemos*, o que significa que, embora ainda os respeitemos e os usemos de modo apropriado e espontâneo, agora estamos operando e vivendo nossa vida a partir de um nível inteiramente novo de consciência, percepção e existência. Esses níveis de consciência são paralelos a vários modelos diferentes de nosso caminho espiritual.

Visualizando nosso "caminho espiritual"

Nas décadas de 1940 e 1950, Maslow descreveu uma hierarquia das necessidades humanas (ver Quadro 14). Elas progridem de baixo para cima, como: (1) Funcionamento fisiológico básico ou sobrevivência; (2) Segurança; (3) Sentimento de Pertencimento e Amor; (4) Autorrealização, isto é, conhecer e estar confortável com nosso Eu Verdadeiro; e (5) Transcendência ou espiritualidade, ou seja, a plena realização do nosso Eu Verdadeiro em relação com o nosso Eu Superior. Essas necessidades são paralelas às necessidades descritas no Capítulo 4 e no Quadro 2, nos quais nossas necessidades humanas são listadas com mais detalhes.

Elas também são paralelas à descoberta e à recuperação de nossa Criança Interior, descrita ao longo deste livro. E, por fim, são paralelas aos nossos níveis de percepção ou consciência humana.

À medida que aprendemos várias maneiras de olhar, conceituar e "mapear" nossa jornada de recuperação, vemos que elas são semelhantes, talvez até a mesma jornada, mas vista de uma maneira um pouco diferente. Essas três formas também são paralelas ao caminho dos 12 Passos da recuperação: sobreviver ao alcoolismo ativo (ou dependência química, codependência, comer demais ou outros maus-tratos e sofrimento), então admitir um problema e depois mudar nosso isolamento para passar a compartilhar, inclusive, finalmente, com um Poder Superior. À medida que avançamos no trabalho dos Passos, vêm o autoexame, a catarse e a mudança de personalidade, seguidos por relacionamentos melhores, a capacidade de ajudar os outros e a descoberta da serenidade.

Quadro 14. Hierarquias semelhantes de necessidades humanas, desenvolvimento e consciência

Necessidades de Maslow	Curando a Criança Interior	Nível de consciência
		Unidade
	Usar a espiritualidade	
		Compaixão
Transcendência		
	Integrar	Compreensão (criatividade, conhecimento natural)

Autorrealização	Transformar	Aceitação por meio do conflito (coração)
	Lidar com as questões centrais (explorar)	"Poder" (mente, ego, "identidade")
Pertencimento e amor	Despertar (consciência emergente)	
Segurança		Paixão (emoções, sexualidade básica)
Fisiologia	Sobreviver	Sobrevivência (alimentos, abrigo, segurança, saúde)

Conforme avançamos na cura de nossa Criança Interior, começamos a perceber que nossa Criança não está limitada a apenas um ou dois níveis de existência, percepção ou consciência. Ao contrário, nossa Criança Interior também é paralela e existe ao longo desses mesmos sete níveis, conforme mostrado no Quadro 15.

Criancinha Indefesa

Lendo de baixo para cima o Quadro 15, notamos que uma parte de nossa Criança é uma Criancinha Indefesa. Ela quer e precisa ser cuidada e nutrida. À medida que percorremos nossos estágios de desenvolvimento, primeiro precisamos de afeto, cuidado e carinho. Somente quando essas necessidades forem atendidas estaremos prontos para passar para o próximo estágio de nosso desenvolvimento. Como muitas crianças negligenciadas ou maltratadas não tiveram suas necessidades atendidas nesse aspecto, elas não completaram o desenvolvimento desse nível.

Parte da tarefa da recuperação é aprender a atender às nossas necessidades e ser nutrido para que possamos começar a passar novamente por esse estágio e, assim, concluir nosso desenvolvimento inacabado.

Também descobrimos que existe apenas uma pessoa que pode garantir que recebamos o carinho de que precisamos, e essa pessoa somos nós. Mas não será o nosso falso eu a fazer isso. Seremos nós como Criança Interior Total. Nossa Criança Interior é, portanto, *tanto* quem cuida de nós *quanto* aquela Criança Indefesa que precisa tão desesperadamente ser cuidada, e é todas as outras partes. *Nós somos nosso próprio cuidador.* Temos de garantir que conseguiremos aquilo de que precisamos. Às vezes, pode ser que outros nos ajudem a conseguir aquilo de que precisamos, mas basicamente só nós é que podemos atender às nossas necessidades. Descrevo nossas necessidades no Quadro 2 do Capítulo 4.

Quadro 15. Níveis de existência, percepção e consciência de nossa Criança Interior

> Criança que Ama Incondicionalmente
> Criança Compassiva
> Criança Criativa
> Criança que Luta e Cresce
> Criança Pensativa e Racional
> Criança Sensível
> Criancinha Indefesa

Criança Sensível

A Criança Sensível dentro de nós está repleta de sentimentos e emoções. Como em todos os sete níveis de existência de nossa Criança Interior, este está interconectado com cada um dos outros níveis. Nossa Criança Sensível nos avisa quando precisamos dar atenção para alguma coisa – pode ser algo errado, como um perigo real ou uma dor, ou algo agradável, ou pode ser um sentimento em reação ao passado e que de repente aparece.

Seja o que for, agora estejamos atentos (ver o Capítulo 10, sobre Sentimentos).

Criança Pensativa e Racional

Nossa Criança Pensativa e Racional está relacionada ao nosso ego, mente ou eu. É aquilo que muitas pessoas podem erroneamente pensar que são – a "identidade". Também é frequentemente confundido com a sede do "poder". No entanto, ela é apenas uma parte de nós.

Talvez, nossa Criança Pensativa e Racional seja a parte de nosso Eu Verdadeiro que está mais diretamente conectada ao nosso falso eu. Podemos até dizer que são amigos. Mais do que qualquer outro, ela entende nosso falso eu e, assim, poderá trabalhar com ele quando *precisarmos* de nosso falso eu. Em muitas pessoas, a Criança Pensativa e Racional e o falso eu são exagerados ou superdesenvolvidos.

À medida que nos recuperamos, colocamos em ação as outras partes de nossa Criança Interior e nos tornamos mais equilibrados, integrados, individualizados e completos.

Criança que Luta e Cresce

Nossa Criança que Luta e Cresce é o equivalente ao nível de consciência do "Coração" e é a chave para nosso Eu Superior e para a concretização da serenidade. É a ligação entre o nosso Eu Superior e o nosso eu inferior. Pode ser descrita em parte pela frase "aceitação por meio do conflito", que significa conseguir aceitar "o que é", primeiro reconhecendo ou tornando-se consciente disso, depois trabalhando a dor ou desfrutando do prazer e, então, fazendo as pazes com isso. É um processo análogo ao de luto, ao de perdão – virar a página, desapegar, abrir mão –, e ao de contar nossa história, pois ela usa esses processos para aceitar e crescer.

Criança Criativa

Você já sentiu ou soube que algo era verdadeiro ou certo e não precisava de nenhuma explicação racional para provar isso?

Nossa Criança Criativa é aquela que usa o que os homens chamam de "palpites" ou "reações instintivas" e o que as mulheres chamam de "intuição" para ajudá-los em suas vidas. É a parte de nós que sabe, natural e inerentemente. Ao longo da vida, ideias, inspirações e centelhas criativas chegam regularmente até nós através dessa parte de nossa Criança. Por exemplo, essa parte é onde podemos dizer que a maioria das grandes obras de arte, ciência, literatura e peças de teatro têm origem.

No entanto, às vezes nosso falso eu pode tentar se disfarçar como nossa Criança Criativa, e suas "intuições" muitas vezes nos enganam. Assim, podemos verificar quaisquer inspirações ou intuições que chegam até nós e ver como elas se desenrolam. Se nos forem benéficas, é provável que se originem em nossa Criança Criativa. Se não forem, podem ter vindo de nosso falso eu. Existem vários livros disponíveis sobre esse assunto, como *Awakening Intuition* [Despertando a intuição], de Frances Vaughan.

Criança Compassiva

Você já esteve com alguém e, ao ouvir sua história, ficou tão tocado ou emocionado que lágrimas brotaram em seus olhos? No entanto, ao mesmo tempo que você sabia que ela estava sofrendo (ou sofreu e/ou teve alegrias), também tinha ciência de que não seria bom tentar resgatar ou mudar a pessoa? Quando temos essa experiência, estamos em contato direto com nossa Criança Compassiva. De fato, nesse instante *somos* nossa Criança Compassiva.

Nossa Criança Compassiva é uma espécie de imagem espelhada ou o oposto direto de nossa Criança Apaixonada. Esta pode querer tentar consertar, resgatar ou mudar a outra pessoa. Também podemos perceber que nossa Criança Criativa é a imagem espelhada de nossa Criança Pensativa e Racional, e que nossa Criança que Ama Incondicionalmente é a imagem espelhada de nossa Criancinha Indefesa (Quadro 15).

Criança que Ama Incondicionalmente

Para muitos, essa parte de nós é a mais difícil de ser e compreender. Talvez tenhamos sido tão maltratados ao crescer – e alguns de nós ainda estejamos sendo – que somos incapazes de amar alguém incondicionalmente, inclusive a nós mesmos. Por causa dessa dificuldade e por acreditar que esse é um problema central de recuperação para filhos adultos traumatizados, vou discuti-lo com mais detalhes.

Amor e amor incondicional

A baixa autoestima, um sentimento de imperfeição e indignidade inerentes, é uma experiência comum entre aqueles de nós que foram maltratados. Também é comum entre aqueles que desenvolveram doenças como alcoolismo, dependência química, distúrbios alimentares ou condições semelhantes, nas quais muitas vezes a pessoa se sente como uma vítima. Junto a vários fatores importantes, incluindo traumas repetidos durante a infância e depois, incapacidade de controlar o consumo de álcool, drogas, alimentação, outras pessoas *ou o que quer que seja*, acreditamos que simplesmente não somos dignos de receber amor.

Em vez de acreditar que não somos dignos de sermos amados, podemos passar a acreditar que não *precisamos* de amor. Isso se traduz em "Não quero ser amado" e, por fim, em "Vou rejeitar o amor, não importa de quem" (Gravitz; Bowden, 1985). Acabamos com "sentimentos congelados" ou uma incapacidade de experimentar plenamente os sentimentos e emoções, em especial o amor.

Muitas vezes, é na recuperação, quando experimentamos o amor incondicional de um grupo de autoajuda ou terapia, de um mentor, padrinho ou amigo de confiança, que começamos a sentir os efeitos curativos do amor. De fato, o amor é o mais curativo de nossos recursos, e é preciso vários anos sendo amado dessa maneira para melhorar e permanecer bem. E então podemos começar a amar os outros de volta.

Um problema para muitos de nós é que muitas vezes vemos o amor como uma experiência ou entidade limitada, como "se apaixonar". Na recuperação, aprendemos que o amor não é simplesmente um sentimento. Na verdade, é uma *energia* que se manifesta por meio de *um compromisso e de uma vontade de se espraiar com o propósito de nutrir o próprio crescimento ou o de outro*, o que inclui as dimensões física, mental, emocional e espiritual (Peck, 1978).

À medida que avançamos na recuperação, começamos a ver que existem vários tipos de amor. Descrevo isso no Quadro 16, de acordo com nossos sete níveis de consciência. Por meio dessa visão, entendemos que, no eu inferior, o amor é carência, "química" ou paixão, possessão, forte admiração ou mesmo adoração – em suma, o amor romântico tradicional. Muitas pessoas que cresceram em lares problemáticos e que experimentaram o sufocamento de sua Criança Interior ficam presas a esses níveis ou formas inferiores de experimentar o amor. Ao curar nossa Criança Interior, em algum momento descobrimos, trabalhamos e transcendemos para níveis mais elevados de amor, incluindo cuidado através do conflito, perdão, confiança, compromisso com o próprio crescimento e o de um ente querido, empatia e aceitação incondicionais e uma Existência puramente pacífica. Ao reconhecer, experienciar e abrir mão, e ao usar as práticas espirituais descritas e ensinadas por muitos, podemos aos poucos nos abrir para o Amor dentro de cada um de nós (Whitfield, 1985; 2006).

Por fim, nos damos conta de que o amor é o que nós e nosso Poder Superior, conforme o entendemos, usamos para nos curar. É o que, em última análise, cura na terapia de grupo, aconselhamento, amizades, meditação, oração ou qualquer outra coisa. *Não precisamos mais ter medo do amor ou fugir dele, porque sabemos que ele está dentro de nós como o núcleo e a parte curadora de nossa Criança Interior.*

Nosso Eu Observador

À medida que evoluímos e avançamos em nossa recuperação, descobrimos que existe uma parte de nós, talvez localizada em algum lugar no Eu Superior de nossa Criança Interior, que é capaz de dar um passo atrás e assistir, testemunhar ou observar o que acontece em nossa vida. Por exemplo, muitas pessoas passaram pela experiência de ficar muito chateadas e depois se desvincular desse sentimento de mal-estar a tal ponto de se enxergarem realmente observando a si mesmas. Às vezes, há uma experiência de que se está fora do corpo, de modo que elas conseguem ver a si mesmas ou uma representação delas próprias durante o episódio. Essa habilidade pode ser facilitada pela prática de imaginação e visualização guiada, ou eidética. Fechando os olhos, a pessoa visualiza ou imagina a cena ou a atividade que a preocupa. Pode-se então visualizar uma solução positiva para o episódio. Também se pode fazer isso durante a meditação. Feita de forma construtiva, é uma prática saudável.

Deikman (1982) e outros chamam essa parte poderosa e libertadora de nós de *observador* ou *eu observador*. A literatura ocidental sobre psicologia refere-se ao eu observador como "o ego observador", mas não explora a natureza especial do "ego" e suas implicações para a compreensão do eu. Por isso, continua sem entender a dinâmica, o significado e a importância do eu observador, e suas teorias do eu permanecem um tanto confusas.

Quadro 16. Amor, verdade, cura e poder ao longo dos níveis de consciência humana (níveis de 1 a 3 representam aqueles do eu inferior)

Hierarquia da consciência	Amor Existência pacífica	Verdade Existência pacífica	Cura Existência pacífica	Poder Existência pacífica
7) Consciência da unidade	Empatia e aceitação incondicionais	Amor e aceitação	Amor e aceitação	Amor e aceitação
6) Compaixão	Compromisso com o crescimento	Criatividade	Decisão correta	Sabedoria
5) Compreensão	Perdão	Perdão	Perdão	Perdão
4) Aceitação/coração	Adoração	Experiência	Prevenção, educação	Assertividade
3) Mente/ego	Possessão	Crenças	Cura psicológica	Persuasão
2) Paixão	"Química"	Sensações	Cuidado	Manipulação
1) Sobrevivência	Carência	Ciência	Física	Força física

Fonte: de acordo com Withfield, 1985.

O eu observador é fundamental para nossa recuperação. Uma ilustração disso é mostrada na Figura 6. Ela representa as inter-relações do eu (ou "eu objeto") e o eu observador. O eu está preocupado em pensar, sentir, agir, desejar e outras atividades orientadas para a sobrevivência. (Esse conceito mais antigo e menos útil do eu inclui partes tanto do falso eu quanto do Eu Verdadeiro.) No entanto, o eu observador, uma parte de quem realmente somos, é aquela parte de nós que está observando nosso falso eu e nosso Eu Verdadeiro. Podemos dizer que até nos observa enquanto observamos. É a nossa Consciência, é a experiência central da nossa Criança Interior. Portanto, não pode ser observado – pelo menos por qualquer coisa ou ser que conhecemos nesta Terra. Ele transcende nossos cinco sentidos, nosso falso eu e todas as outras partes inferiores, embora necessárias, de nós.

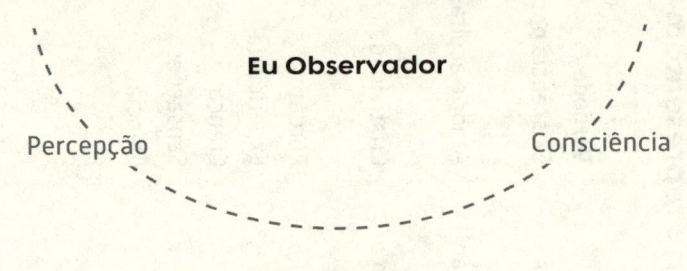

Eu Observador

Percepção   Consciência

Aspectos do eu
Pensamento, planejamento, resolução, preocupação
Emoção, sentimento, afeto
Ação, comportamento, funcionamento
Desejo, vontade, fantasia

Figura 6. Relação entre o Eu Observador e o eu (eu objeto).
Fonte: compilada de Deikman, 1982.

Adultos traumatizados na infância podem confundir seu eu observador com um tipo de defesa que eles podem ter usado para evitar seu Eu Real e todos os seus sentimentos. Pode-se chamar essa defesa de "falso eu observador", uma vez que sua consciência é ofuscada. Ela é desfocada, pois "sai do ar" ou fica "entorpecida". Ela nega e distorce nossa Criança Interior, e muitas vezes é crítica. Por outro lado, nosso Eu Verdadeiro Observador tem uma consciência mais clara, observa com mais precisão e tende a aceitar. Veja a seguir essas diferenças.

Algumas diferenças entre o Eu Verdadeiro Observador e o Falso Eu Observador

	Verdadeiro	Falso
Percepção	Mais clara	Ofuscada
Foco	Observa	"Sai do ar" ou fica "entorpecido"
Sentimentos	Observa com precisão	Nega
Atitude	Aceita	Critica

Expandindo nossa consciência, logo podemos nos tornar conscientes de nossa parte no drama maior – o "drama cósmico". Observando nossa própria dança ou melodrama pessoal, podemos começar a aprender que nosso Eu Observador é aquela parte de nós que, ao perceber que estamos "realmente seguindo em frente", pode dar um passo atrás e observar o "seguir em frente" por meio do nosso poder imaginativo. Ao fazer isso, muitas vezes colocamos em jogo a poderosa defesa do humor – rindo de nós mesmos por levar tudo tão a sério.

Deikman (1982) disse: "O eu observador não faz parte do mundo do objeto formado por nossos pensamentos e percepção sensorial porque, literalmente, não tem limites; tudo o mais tem. Assim, a consciência cotidiana contém um elemento transcendente que raramente notamos, já que esse elemento é a própria base de nossa experiência. A palavra transcendente se justifica porque, se a consciência subjetiva – o eu observador – não pode ser observada, permanecendo para sempre separada dos conteúdos da consciência, é provável que seja uma ordem diferente de tudo o mais. Sua natureza fundamentalmente diferente torna-se evidente quando percebemos que o eu observador é desprovido de qualidade; não pode ser afetado pelo mundo mais do que um espelho pode ser afetado pelas imagens que reflete".

À medida que nosso eu observador se torna mais proeminente, nosso eu inferior, ou eu objeto, tende a recuar. A identificação primária com nosso eu inferior tende a ser associada ao sofrimento e à doença. No entanto, a construção de um eu forte e flexível, que faz parte da cura de nossa Criança Interior, geralmente é necessária antes que possamos fazer a transição para nosso eu observador por um prazo mais longo.

Concretizando a serenidade

À medida que nos tornamos mais familiarizados com nosso eu observador e com o poder de cura da espiritualidade, conseguimos começar a construir um caminho possível para alcançar a serenidade, a paz interior e a felicidade. Resumi a descrição a seguir, feita em *Alcoholism and Spirituality* [Alcoolismo e espiritualidade], no qual cada item é discutido com mais detalhes.

Alguns caminhos possíveis para a serenidade

1. Ignoramos nossa Jornada, somos limitados (humildade): podemos estudar "leis" universais, nos aproximarmos delas e nos render à nossa falta de conhecimento em última instância.

Dadas essas limitações, sábios, ao longo dos séculos, descrevem algo assim:

2. O Poder Superior está em cada um de nós, e nós estamos no Poder Superior.
3. Podemos ver nossa realidade como uma hierarquia de níveis de percepção, consciência ou ser.
4. Estamos indo para Casa (*estamos* em Casa, agora e sempre). A Casa nesta terra é estar, ao nosso modo exclusivo, em todos os níveis de nossa percepção ou consciência.
5. Haverá conflito ao ir para Casa (melodrama, drama cósmico). Esse conflito ou tensão criativa é útil para nós de alguma forma, provavelmente como um caminho para Casa.
6. Temos uma escolha. Podemos usar nossos corpos, ego/mentes e nossos relacionamentos nesta Terra para reforçar nossa separação e nosso sofrimento. Ou podemos usá-los como veículos para que nossa Alma, Espírito ou Eu Superior volte para Casa e para celebrar esse retorno.
7. Poder Superior (Casa) é Amor (O Amor é talvez a forma mais direta de conhecermos o Poder Superior).
8. Podemos remover os bloqueios para a realização de nosso Poder Superior experienciando (incluindo viver no Agora), lembrando, perdoando e nos entregando (essas cinco realizações podem ser vistas como sendo basicamente a mesma). Práticas espirituais regulares nos ajudam com essa percepção.
9. A separação, o sofrimento e o mal são a ausência da realização do Amor e são, portanto, em última análise, ilusões. São também manifestações de nossa busca por Amor, Totalidade e Casa. O mal ou a escuridão está, portanto, a serviço da Luz.
10. Criamos nossa própria história por meio de nossas crenças, pensamentos e ações. O que acreditamos, pensamos e sentimos em nossa mente e coração é o que, geralmente, produziremos em nossa experiência e em nossa vida. O que damos, recebemos. O que está por dentro é o que está por fora.
11. A vida é um Processo, Força ou Fluxo que habita em nós. Nós não o vivemos. Quando nos rendemos a ele, ou seja, fluímos com seu Processo e assumimos a responsabilidade por nossa

participação nele, nos tornamos cocriadores. Podemos então nos livrar do sofrimento que vem com nosso apego em resistir ao fluir de nossa Vida.

12. Paz interior ou serenidade é conhecer, praticar e ser tudo o que foi dito anteriormente. Por fim, descobrimos que já somos e sempre seremos Serenidade e Casa.

Algumas fontes: A *filosofia perene* (Huxley), Cristo, Tao, Muktananda, *Um curso em milagres*, Fox, Wilber, Lazaris, Schuan e muitos outros pensadores e sábios.

Alguns desses princípios são ilustrados no seguinte caso clínico: James, um homem de 42 anos, que cresceu em uma família alcoólatra, com seu pai sendo um alcoólatra ativo e sua mãe normalmente assumindo o papel de codependente apaziguadora. Embora ele próprio não mostrasse inclinações para ser alcoólatra ao longo de sua vida adulta, James foi se tornando progressivamente consciente de sua confusão e sofrimento. Por fim, acabou participando das reuniões do grupo de autoajuda Al-Anon e, posteriormente, da ACoA, durante um total de cerca de seis anos, com alguma melhora. Ele descreve a importância e o significado da parte espiritual de sua recuperação da seguinte maneira.

> "Ao longo desses anos, fui a muitas reuniões de autoajuda no Al-Anon e na ACoA, provavelmente uma ou duas por semana. Eu queria mesmo ficar bem. Mas não parecia que isso estava acontecendo, embora algo parecesse me manter motivado a continuar frequentando essas reuniões. Sempre pensei que era importante para mim ser forte, o que eu equiparava a ser independente. Para mim, isso significava não falar muito. Eu acreditava que poderia me recuperar sozinho, sem a ajuda de ninguém. Eu igualava confiar com ser fraco, me entregar ou ser dependente, e tudo isso eu via como uma espécie de doença. Eu enxergava as pessoas com essas características como doentes. E, claro, achava que era mais saudável

ou de alguma forma melhor do que elas. Olhando para trás, vejo tudo isso provavelmente como uma defesa necessária, que me permitiu continuar frequentando as reuniões sem ficar muito sobrecarregado com meus sentimentos ocultos e as mudanças que precisei fazer para me recuperar.

Naquela época, conheci uma mulher nas reuniões que era muito arrogante e infeliz. Ela era tão antipática comigo que eu tentava evitar as reuniões que ela frequentava.

Achei que não havia esperança para ela e que certamente eu era melhor do que ela. Então eu a vi mudar. Ela começou a perder sua atitude arrogante e tornou-se mais amigável comigo e com os outros. Ela parecia feliz. Embora eu odiasse admitir, já que isso vinha dela, que eu nunca admirei, senti inveja de sua mudança positiva. Eu queria um pouco daquilo. Mas *agora* ela também estava falando sobre seu Poder Superior, e sempre tive dificuldade em saber o que era isso, embora tenha tido uma educação religiosa bastante ativa.

Então comecei a pensar no que havia acontecido com ela e como eu poderia conseguir um pouco daquela paz ou felicidade. Isso começou a ocupar muito dos meus pensamentos e sentimentos. Eu sofri de infelicidade e confusão por quarenta anos. Comecei a ler alguma literatura espiritual e comecei a orar. Embora eu tentasse orar desde criança, dessa vez havia algo diferente em minha oração. Talvez estivesse sendo mais sincero e humilde. Então, alguns meses depois, experimentei uma espécie de transformação que ocorreu em mim durante um período de duas semanas. Minha própria atitude mudou e deixei de lado meus ressentimentos em relação a meu pai e aos outros. (Claro, eu havia trabalhado muito no passado a minha raiva e outros sentimentos, bem como com outras questões minhas.) Comecei realmente a acreditar em um Poder Superior, algo que nunca fui capaz de fazer. Primeiro, repensei a saúde como felicidade, e depois repensei a felicidade como algo associado à necessidade dos outros e à rendição a eles e a um programa espiritual. Isso fez toda a diferença."

A história de James ilustra vários dos princípios e modos de alcançar a serenidade (ver a lista anterior). Primeiro, ele passou por conflito e luta (5). Ele usou essa luta – seu relacionamento ruim com a mulher, de quem se ressentia – como um meio para sua evolução e crescimento espiritual (6). Ele estava ciente de seu conflito e dor e começou uma prática espiritual regular – a oração (8). Ele finalmente pediu o que queria, dessa vez com sinceridade e humildade (10), e se rendeu ao Processo de sua vida (11). Por fim, ele encontrou o que procurava, que estava dentro de si mesmo, e não em outro lugar (12).

As visões tradicionais ou convencionais para a obtenção de serenidade, paz interior ou felicidade geralmente usam ou a busca do prazer ou a evitação da dor, ou ambos. Na abordagem de *busca*, as formas de buscar a felicidade podem abranger desde a busca hedonista até o foco nos outros (o que pode resultar em codependência) até "ser bom" e esperar para reivindicar nossa paz mais tarde, como uma recompensa no Céu. Na abordagem de *evitação da dor*, podemos tentar ignorá-la, separar-nos dela ou ficar longe de qualquer situação que possa trazer conflitos para nós. Podemos perguntar: "Será que buscar ou evitar alguma vez trouxe paz duradoura, felicidade ou serenidade?". Quando pergunto isso a outros e a mim mesmo, a resposta geralmente é "não".

Como consequência, uma de nossas escolhas é nos sentirmos magoados e ressentidos com nossa incapacidade de sermos felizes, projetando nossa dor nos outros. Ou, como segunda alternativa, podemos começar a *observar* todo o processo e a "autocontração" do nosso falso eu quando estamos infelizes. Ao fazermos isso, podemos começar a enxergar que a felicidade não é algo que *alcançamos*. Na verdade, felicidade, paz ou serenidade são o nosso estado natural. Por trás de tudo o que *acrescentamos* aos nossos sentimentos e experiências, por trás da nossa autocontração, está a própria Serenidade. Para percebê-la, não há nada que precisemos ou mesmo que possamos fazer. Se só tivermos notas 10 em nosso boletim, de nada adiantará. Nem ter três Rolls Royces, 1 milhão de dólares ou nos casarmos com alguém perfeito. Não há como ganhar ou alcançar a felicidade, nem há como merecê-la. Em vez disso, ela é *inerentemente* nossa, já e sempre (Course, 1976).

Para adultos traumatizados na infância, pode ser difícil aceitar essa ideia de que somos inerentemente felizes. Se esse for o caso, acho que consigo entender. À medida que curamos nossa Criança Interior, essa percepção de que já somos e sempre seremos felizes se torna cada vez mais fácil. Descobri que ter uma prática espiritual diária, como meditação ou oração, e ler literatura espiritual tem sido útil para perceber minha própria serenidade.

Alguns leitores podem ser céticos sobre esse conceito de "espiritualidade". Alguns podem ficar confusos. Outros podem não acreditar em nada disso e até sentir algo como: "Esse autor com certeza enlouqueceu!". Em contraste, outros podem encontrar algum consolo em ler isso, e outros ainda podem identificar muito material útil aqui. Seja qual for sua reação, convido você a seguir suas reações e instintos. Reflita sobre isso, fale sobre isso sempre que sentir que é apropriado. Use o que puder e deixe o resto. A espiritualidade funcionou para mim e eu a vi funcionar para centenas de outras pessoas na cura de sua Criança Interior.

APÊNDICE

UMA NOTA SOBRE MÉTODOS DE RECUPERAÇÃO

Muitos médicos que trabalham com filhos adultos de alcoólatras ou outras famílias problemáticas e disfuncionais acreditam que a *terapia de grupo* é o *principal tratamento* para o trabalho de recuperação. Acredito que isso seja verdade quando ela é integrada a um *programa de recuperação completo* de:

› **Tratamento de qualquer vício** ativo, compulsão ou apego (por exemplo, alcoolismo ativo/codependência, distúrbios alimentares etc.).
› Participação em **grupo de autoajuda**, usando um mentor e praticando os 12 Passos ou conceitos similares de recuperação.
› **Educação** sobre o problema e sobre técnicas de recuperação.
› **Tratamento do trauma** em residência – breve e intensivo, conforme desejado ou recomendado.
› **Aconselhamento** individual ou psicoterapia, conforme indicado.

Acredito que a consideração de tudo isso faz parte de um programa holístico de recuperação física, mental-emocional e espiritual que está em andamento. Dadas essas reservas, a seguir estão *algumas vantagens* do principal *tratamento de escolha* – a terapia de grupo.

Algumas vantagens da terapia de grupo para filhos adultos

1) O membro do grupo tem vários "terapeutas", em vez de apenas um (recomendo ter dois líderes por grupo de até sete ou oito integrantes em cada grupo, dependendo da regularidade de atendimento).

2) O grupo recria muitos aspectos de sua família, fornecendo-lhes assim um meio para trabalhar os laços emocionais, conflitos e lutas (ou seja, transferência, projeção) associados à sua própria família.

3) A pessoa consegue ver a recuperação ser moldada em vários estágios. É especialmente motivadora e curativa a capacidade de ver as pessoas entrarem no grupo e fazerem mudanças positivas definitivas e, às vezes, significativas em suas vidas e na cura da Criança Interior.

4) Com líderes de grupo adequadamente treinados e qualificados, o grupo é capaz de trabalhar em questões específicas da vida, que abrangem a recuperação física, mental, emocional e espiritual.

5) As conhecidas vantagens da terapia de grupo em geral, como a capacidade de ter identificação, validação, *feedback*, confronto adequado, não abusivo, apoio e muitos outros fatores e dinâmicas úteis na terapia de grupo.

Desenvolver habilidades suficientes e ímpeto de autocura para superar e substituir o condicionamento negativo, a postura de vítima e a compulsão à repetição, e descobrir e curar nossa Criança Interior, geralmente leva de *três a cinco anos* ou mais ao se trabalhar em um *programa de recuperação completo*.

A recuperação não é um processo intelectual ou racional. Também não é fácil. É um processo experimental, que consiste em excitação, desânimo, dor e alegria, com um padrão geral de crescimento pessoal ao longo do tempo. A recuperação exige muita coragem. Embora isso não possa ser explicado adequadamente apenas com palavras, comecei a descrever esse processo de cura da Criança Interior.

Para continuar a cura, o leitor pode considerar a leitura de minha obra *A Gift to Myself* [Um presente para mim mesmo], um livro de exercícios e um guia para alcançar muitas das especificidades do processo de cura.

Charles Whitfield
Atlanta, Geórgia

REFERÊNCIAS

Ackerman, R. J. *Children of Alcoholics: A Guidebook for Educators, Therapists and Parents.* Learning Publications, Holmes Beach, Florida, 1983.

Ackerman, R. J. *Growing in the Shadow.* Health Communications, Deerfield Beach, Florida, 1986.

Adult Children. *Alcoholic/Dysfunctional Families.* World Service Organization. www.adultchildren.org. New ACA "Big Book" due late 2006.

Adult Children of Alcoholics (ACA Central Service Board) Box 3216, Los Angeles, California 90505.

Al-Anon Family Groups, PO Box 182, Madison Square Station, New York 10159.

American Psychiatric Association. *DSM-II, III-R & IV: Diagnostic and Statistical Manual of Mental Disorders.* Washington, DC, 1980, 1986 & 1995.

Anonymous. *A Course in Miracles.* Viking Penguin New York/ Foundation for Inner Peace, Tiburon, California, 1976.

Armstrong, T. *The Radiant Child.* Quest, Wheaton, Illinois, 1985.

Black, C. *It Will Never Happen To Me.* M.A.C. Publishing, Colorado, 1980.

Black, C. "Talk on Adult Children of Alcoholics", Gambrills, Maryland, 1984.

Booz, Allen & Hamilton Inc: "An Assessment of the Needs and Resources for the Children of Alcoholic Parents". NIAAA Contract Report, 1974.

Bowlby, J. *Loss*. Basic Books, New York, 1980.

Bowlby, J. "On Knowing What You are not Supposed to Know and Feeling What You are not Supposed to Feel". *Journal Canadian Psychiatric Association*, 1979.

Bowden, J. D.; Gravitz, H. L. *Genesis*. Health Communications, Deerfield Beach, Florida, 1987.

Briggs, D. C. *Your Child's Self-Esteem: Step-by-step Guidelines to Raising Responsible, Productive, Happy Children*. Doubleday Dolphin Books, Garden City, New York, 1970.

Brown, S. "Presentation at Second National Conference on Children of Alcoholics", Washington, DC, 26 fev. 1986.

Campbell, J. *The Hero With a Thousand Faces*. Princeton University Press, 1949.

Cermak, T. L. *A Primer for Adult Children of Alcoholics*. Health Communications, Deerfield Beach, Florida, 1985.

Cermak, T. L. *Diagnosing & Treating Co-Dependence: A Guide for Professionals who Work with Chemical Dependents, Their Spouses, and Children*. Johnson Institute, Minneapolis, Minnesota, 1986.

Cermak, T. L.; Brown, S. "Interactional Group Therapy with the Adult Children of Alcoholics". *International Journal Group Psychotherapy*, 32:375–389, 1982.

Co-Dependents Anonymous, CoDA's "Big Book" www.codependents.org.

Colgrave, M.; Bloomfield, H.; McWilliams. *How to Survive the Loss of a Love*. Bantam Books, New York, 1976.

Cork, M. *The Forgotten Children*. Addiction Research Foundation, Toronto, Canada, 1969.

Deikman, A. J. *The Observing Self*. Beacon Press, Boston, Massachusetts, 1982.

Dossey, L. *Beyond Illness: Discovering the Experience of Health*. Shambhala, Boulder, Colorado, 1985.

Dreitlein, R. "Feelings in Recovery". Workshop, Rutgers Summer School on Alcohol Studies, New Brunswick, New Jersey, 1984.

Eisenberg, L. "Normal Child Development". In Freedman, A. M.; Kaplan, H. I. (orgs.): *The Child: His Psychological and Cultural Development. Vol. 2, The Major Psychological Disorders and their Development.* Athenaeum, New York, 1972.

Fellitti, V. J.; Anda, R. F.; Nordenberg, D. et al. "Relationship of Childhood Abuse and Household Dysfunction to many of the Leading Causes of Death in Adults". *American Journal of Preventive Medicine*, 14:245–258, 1998.

Ferguson, M. *The Aquarian Conspiracy: Personal and Social Transformation in the 1980's.* Tarcher, Los Angeles, California, 1980.

Finn, C. C. Poema previamente não publicado pelo autor e publicado diversas vezes como "Anônimo" por outros. Escrito em Chicago, 1966. Publicado aqui com permissão do autor, em comunicação pessoal. Fincastle, Virginia, March 1986.

Fischer, B. Workshop on "Shame". The Resource Group, Baltimore, Maryland, 1985.

Forward, S.; Buck, C. *Betrayal of Innocence: Incest and its Devastation.* Penguin Books, New York, 1978.

Fossum, M. A.; Mason, M. J. *Facing Shame: Families in Recovery.* WW Norton, New York, 1986.

Fox, E. "Reawakening the Power of Your Wonder Child". In *Power Through Constructive Thinking.* Harper & Row, New York, 1940.

Freud, A. *The Ego and the Mechanisms of Defense.* Int'l Universities Press, New York, 1966.

Gil, E. *Outgrowing the Pain. A Book for and about Adults Abused as Children.* Launch Press, Box 40174, San Francisco, California 94140, 1984.

George, D.; Richo, D. Workshop on "Child Within". Santa Barbara, California, abr. 1986.

Gravitz, H. L.; Bowden, J. D. *Recovery: A Guide for Adult Children of Alcoholics.* Learning Publications, Holmes Beach, Florida, 1985.

Guntrip, H. *Psychoanalytical Theory, Therapy, and the Self: A Basic Guide to the Human Personality, in Freud, Erikson, Klein, Sullivan,*

Fairbairn, Hartmann, Jacobson, & Winnicott. Basic Books, Harper Torchbooks, New York, 1973.

Hoffman, B. *No One Is To Blame: Getting a Loving Divorce From Mom and Dad.* Science and Behavior Books, Palo Alto, California, 1979.

Horney, K. Cap. 71 "The Holistic Approach" (Horney). In: Kelman, H. *American Handbook of Psychiatry.* Basic Books, New York, 1959.

Jacoby, M. *The Analytical Encounter: Transference and Human Relationship.* Inner City Books, Toronto, Canada, 1984.

Jourard, S. M. *The Transparent Self.* Van Nostrand, New York, 1971.

Jung, C. G.; Kerenyi, C. *Essays on a Science of Mythology: The Myth of the Divine Child.* Billingen Series, Princeton, 1969.

Kaufman, G. *Shame: The Power of Caring.* Schenkman, Cambridge, Massachusetts, 1980.

Kohut, H. *The Analysis of the Self.* International Univ. Press, New York, 1971.

Kritsberg, W. *The Adult Children of Alcoholics Syndrome: From Discovery to Recovery.* Health Communications, Deerfield Beach, Florida, 1986.

Kurtz, E. *Not-God: A History of Alcoholism Anonymous.* Hazelden Educational Services, Center City, Minnesota, 1979.

Kurtz, E. *Shame and Guilt: Characteristics of the Dependency Cycle* (an Historical Perspective for Professionals). Hazelden, Center City, Minnesota, 1981.

Lindemann, E. "The Symptomatology and Management of Acute Grief". *American Journal of Psychiatry*, 101:141–148, 1944.

Masterson, J. F. *The Real Self: A Developmental, Self and Objective Relations Approach.* Brunner/Mazel, New York, 1985.

Miller, A. *For Your Own Good: Hidden Cruelty in Childrearing and the Roots of Violence.* Farrar, Strauss, Giroux, New York, 1983.

Miller, A. *The Drama of the Gifted Child.* Harper, New York, 1981 e 1983.

Miller, A. *Thou Shalt Not Be Aware: Society's Betrayal of the Child*. Farrar, Straus, Giroux, New York, 1984.

Missildine, W. H. *Your Inner Child of the Past*. Pocket Books, New York, 1963.

National Association for Children of Alcoholics. 11426 Rockville Pike, Suite 301, Rockville, Maryland 20852. 888-55-4COAS ou 301-468-0985.[9]

Nelson, P. "Autobiography in Five Short Chapters". In Nelson, P. *There's a Hole in My Sidewalk*. Popular Library, New York, 1977.

Pearce, J. C. *Magical Child: Rediscovering Nature's Plan for Our Children*. Bantam Books, New York, 1986.

Peck, M. S. *The Road Less Traveled: A New Psychology of Love, Traditional Values and Spiritual Growth*. Simon & Schuster, New York, 1978.

Rose, A. L. et al. *The Feel Wheel*. Center for Studies of the Person. LaJolla, California, 1972.

Samuel, W. *The Child Within Us Lives!* Mountain Brook Pub., Mountain Brook, Alabama, 1986.

Satir, V. *Peoplemaking*. Science & Behavior Books, Palo Alto, California, 1972.

Schatzman, M. *Soul Murder: Persecution in the Family*. New York, 1973.

Simos, B. G. *A Time to Grieve: Loss as a Universal Human Experience*. Family Services Association of America, New York, 1979.

Spitz, R. *Hospitalism in the Psychoanalytic Study of the Child*. Vol. 1, Int'l University Press, New York, 1945.

Vaughan, F. *Awakening Intuition*. Anchor/Doubleday, New York, 1979.

Vaughan, F. *The Inward Arc: Healing & Wholeness in Psychotherapy and Spirituality*. Shambhala, Boston, Massachusetts, 1985.

---

9. No Brasil, o equivalente são os Grupos Familiares Al-Anon do Brasil. Fone: (11) 3331-8799 / 3222-2099 / https://al-anon.org.br/. E-mail: alanon@al-anon.org.br.

Viorst, J. *Necessary Losses: The Loves, Illusions, Dependencies and Impossible Expectations That All of Us Have to Give Up in Order to Grow*. Simon & Schuster, New York, 1986.

Viscott, D. *The Language of Feelings*. Pocket Books, New York, 1976.

Ward, M. *The Brilliant Function of Pain*. Optimus Books, New York, 1977.

Wegscheider-Cruse, S. *Another Chance: Hope and Health for the Alcoholic Family*. Science and Behavior Books, Palo Alto, California, 1981.

Weil, A. *The Natural Mind*. Houghton Mifflin, New York, 1972.

Wheelis, A. *How People Change*. Harper/Colophon, New York, 1983.

Whitfield (Harris), B. *Spiritual Awakenings: Insights of the Near-Death Experience and Other Doorways to Our Soul*. Health Communications, Deerfield Beach, Florida, 1995.

Whitfield, C. L. *A Gift to Myself: A Personal Workbook and Guide to Healing the Child Within*. Health Communications, Deerfield Beach, Florida, 1990.

Whitfield, C. L. "Adverse Childhood Experience and Trauma" (editorial). *American Journal of Preventive Medicine*, 14(4):361-364, maio 1998.

Whitfield, C. L. *Alcoholism and Spirituality*. (publicação privada) Perrin & Tregett Rutherford, NJ, 1985.

Whitfield, C. L. *Boundaries and Relationships: Knowing, Protecting and Enjoying the Self*. Health Communications, Deerfield Beach, Florida, 1993.

Whitfield, C. L. "Children of Alcoholics; Treatment Issues. In *Services for Children of Alcoholics*, NIAAA Research Monograph 4, 1979.

Whitfield, C. L. "Co-Alcoholism: Recognizing a Treatable Illness". *Family and Community Health*, Vol. 7, verão de 1984.

Whitfield, C. L. *Co-dependence: Healing the Human Condition: The New Paradigm for Helping Professionals and People in Recovery*. Health Communications, Deerfield Beach, Florida, 1991.

Whitfield, C. L. "Co-Dependence: Our Most Common Addiction". *Alcoholism Treatment Quarterly* 6:1, 1989.

Whitfield, C. L. *Memory and Abuse: Remembering and Healing the Effects of Trauma*. Health Communications, Deerfield Beach, Florida, 1995.

Whitfield, C. L. *My Recovery: A Personal Plan for Healing*. Health Communications, Deerfield Beach, Florida, 2003.

Whitfield, C. L.; Silberg, J.; Fink, P. (orgs.). *Misinformation Concerning Child Sexual Abuse and Adult Survivors*. Haworth Press, New York, 2002.

Whitfield, C. L. *The Truth about Depression: Choices for Healing*. Health Communications, Deerfield Beach, Florida, 2003.

Whitfield, C. L. *The Truth about Mental Illness: Choices for Healing*. Health Communications, Deerfield Beach, Florida, 2004.

Whitfield, C. L.; Whitfield, B.; Park, R.; Prevatt, J. *The Power of Humility: Choosing Peace over Conflict in Relationships*. Health Communications, Deerfield Beach, Florida, 2006.

Wilber, K. *No Boundary*. Shambhala, Boston, Massachusetts, 1979.

Wilber, K. *Eye to Eye: The Quest for a New Paradigm*. Anchor Doubleday, Garden City, New York, 1983.

Winnicott, D. W. *Collected Papers*. Basic Books, New York, 1958.

ÍNDICE

#

12 Passos 9, 14-5, 37-8, 72, 120, 142, 152, 157, 173, 189, 207

A

AA. *Ver* Alcoólicos Anônimos
Abandono 79
Abuso infantil 10, 37, 39, 59, 78, 123
-negligência 9-10, 35, 37-8, 40, 59, 78, 156, 190
-termos 62
Abuso sexual 39, 48, 56
ACoA. *Ver* Filhos adultos de alcoólatras
Aconselhamento. *Ver* Psicoterapia
Adler, A. 39
Al-Anon 22, 31, 38, 67, 72, 120, 142, 170, 202
Alcoólicos Anônimos 37-8, 120
Alcoolismo 27, 37-40, 43, 61-70, 74, 92, 113, 115, 118, 144-7, 158, 173, 189, 194, 200, 207
Alegria 131, 137, 155
Alta tolerância a comportamentos inadequados 117, 121-2, 152, 156, 167-8

Amor 10, 28, 47, 59, 97, 117, 121, 161, 163, 194-7
Ansiedade. *Ver* Medo
Apego 48, 119, 202, 207
Aqui e agora 171, 179
Arbitrariedade 79-80
Arriscar-se 125, 141-2, 149
Assagioli, R. 39
Assertivo *vs.* agressivo 175-6
Associação Nacional de Filhos de Alcoólatras 39

B

Black, C. 62, 159
Bowden, J. 40, 79, 111-2, 117, 127, 135, 152, 166, 170, 184-5, 194
Bowlby, J. 145
Brown, S., 82, 117

C

Campbell, J. 111, 152
Cermak, T. 102, 104-5, 117, 120
CoDA. *Ver* Codependentes Anônimos
Codependência 38, 62, 67-8, 70, 101, 105, 112, 118, 144-5, 189, 204, 207
-desenvolvimento da 67-8, 70
-sutilezas da 71-2,
Codependentes Anônimos 72
Comedores Compulsivos

Anônimos 76, 120
Compaixão 97, 131, 189, 197
Compartilhar-verificar-
 -compartilhar 135-6,152
Complexo de Édipo 39
Comportamento impulsivo
 101
Compulsão à repetição/
 reencenação 95-6, 140,
 148, 170-1, 208
Compulsão, comportamento
 compulsivo 95-6
Conflito 96, 98, 117, 123-5,
 156, 192, 195, 201, 204
Consciência, níveis de 132-4,
 188, 195, 197
Contentamento 46, 138, 153,
 156
Controle 10, 13, 57, 80-1, 88,
 90, 98-9, 117, 119-20, 152,
 172, 181
Cork, M. 38
Criança Interior 27, 37-51, 67,
 105-15, 142, 179-82
-níveis da 187-91
Criatividade 54, 96, 151, 156,
 189-197
Culpa 34, 46, 62, 73, 78-80, 82,
 85-7, 89, 92, 94, 104, 115,
 131, 138, 140, 146, 157, 160,
 162, 177 179
Cura 9, 14, 15, 22-5, 37-40, 61,
 77, 174, 179, 181, 187-8,
 190
-bloqueio para a 97, 159
-diagrama de 168, 180
-processo de 104, 114, 124,
 126-7, 129, 142, 156, 163,
 179

D

Decatexia 174
"Declaração de Direitos"
 pessoal 176-7
Deikman, A. 196, 198-9
Depressão 21, 73, 79, 101, 105,
 146-7
Desenvolvimento humano
 190-2
Despertar 23, 111-3, 121, 161,
 180, 184, 190
Distanciamento 94
Distúrbio alimentar 194-5
Doença física 62, 72
Doença mental 62, 72
Dor 153, 156-7, 162-4
Dossey, L. 40, 55
Drama cósmico 199, 201
Dreitlein, R. 134
DSM-III 101, 105
DSM-IV 73, 101, 105

E

Ego. *Ver também* Falso eu
-negativo 27
-defesa do 108, 118
Encontrando ajuda 113
Entorpecimento 70, 95-6, 99,
 101, 104, 110, 112, 131-2, 140
Epstein 179
Erikson, E. 39
Espiritualidade 8, 10, 14-5,

23, 40-1, 78, 111, 115, 180, 187-205
Estágios de recuperação 23-4, 59, 135, 144, 152, 156-7, 159-60, 165, 171, 187, 194-6, 198
-diagrama de 111, 180, 185
-plano 37-8, 77-8, 96, 105, 113-5, 117-26, 179, 189, 191, 207
-programa 12-4, 24-5, 72-6, 107-12, 142, 172-3, 175-6, 184
Estresse 13-4, 62, 75, 86, 95, 101-5, 140, 155, 184
-doenças relacionadas ao 10, 21, 69, 70, 79, 82, 154
Estressores 101-2, 104
Estressores psicossociais 102
Eu codependente. Ver Falso eu
Eu objeto 198, 200
Eu Real. Ver Criança Interior
Eu Verdadeiro 22, 43-8, 56, 59, 67, 69, 71, 74, 79, 81, 84-7, 89, 95-7, 99, 101, 104-5, 107, 112, 114, 118-21, 125, 132-3, 135, 141, 151, 162, 171, 188, 192, 198
Excesso de responsabilidades 72
Experiência de que se está fora do corpo 196

F
Fairbairn, W. R. D. 39
Falso eu 9, 22, 27, 43-4, 46-8, 67, 85, 87, 104-5, 108, 112-3, 119-22, 126, 131-3, 148, 171, 191-3, 198-9, 204
Famílias disfuncionais 57, 62, 81, 118, 124
Felitti, V. J. 40
Ferguson, M. 111-2
Feridas traumáticas da infância 39, 90
Filhos adultos de alcoólatras 38-9, 71, 74
-de famílias disfuncionais 62, 106, 145, 147, 207
Finn, C. 48
Fischer, B. 85, 87-8, 92, 95-7, 117
Freud, S., 39, 132
-Anna 108
Fúria 14, 157, 160, 162

G
George, D. 165
Gratidão 14, 137
Gravitz, H. 17, 40, 79, 111-2, 117, 127, 135, 152, 166, 170, 184-5, 194

H
Hartmann, H. 39
Hierarquia das necessidades humanas 54, 188
Hipervigilância 104
História, contando nossa 9, 11, 115, 117, 125, 149, 151-4, 156, 165, 170-1, 173-4, 179, 181-2, 184, 192
-diagramas da 155

-histórias dos outros 156, 159
Horney, K. 39, 43

I
Imprevisível 84
Impulsos 97, 146
Inconsciente 22, 27, 39, 45-7, 76, 96, 114, 117, 140, 142-3, 153
Inconsistência 79-80, 121
Integração 9, 11-4, 111, 146, 155, 168, 179-81, 184

J
Jacobson, E. 39
Jacoby, M. 113, 115
James, W. 43, 202, 204
Jornada do herói/heroína 154-5, 171
Jung, C. 27, 39

K
Kaufman, G. 85, 87
Klein, M. 39
Kritsberg, W. 101, 140
Kurtz, E. 38, 85, 115

L
Luto 56, 69, 105, 107, 117, 126, 138, 139-40, 143, 145, 151-68, 173-4, 184, 192
-estágios do 59, 141-2, 145-8

M
Mártir 11, 154-5, 170-1
Maslow, A. 53,
-hierarquia de necessidades de Maslow 188-9
Masterson, J. F. 43, 48
Matthews, Simonton e outros 40
Maus-tratos. *Ver* Abuso infantil
Medo 13, 27, 29-32, 44, 46, 75, 77, 80-1, 89, 92, 94, 98, 101, 104, 112-3, 119-20, 131, 135, 137, 140, 143, 145-6, 157, 159, 162, 176-7
-do abandono 79, 117, 122-4, 152, 167-8
Miller, A. 27, 39, 43, 53, 59, 92, 96, 113, 161,
Múltiplas personalidades 105

N
NA. *Ver* Narcóticos Anônimos
NACoA. *Ver* Associação Nacional para Filhos de Alcoólatras
Narcóticos Anônimos 120
Necessidades humanas 53-4, 56, 58, 121, 188-9
Nelson, P. 185-6
Neurose 62, 67, 112, 173

O
OA. *Ver* Comedores Compulsivos Anônimos
Eu observador 120, 132, 157
-falso eu observador 199

P

Paciência 24-5, 174
Pais não realizados 59
Paz interior 137, 180, 200, 202, 204
Peck, S. 195
Pensamentos 97, 117-8, 146, 151, 181, 199, 201, 203
Perda 56, 70, 81, 103, 138, 139, 141, 143-8, 153-5, 157-8, 160, 164, 184
Perdão 14, 86, 163, 173-4, 192, 195, 197
Perfeccionismo 62, 74, 77, 88
Persona. Ver Falso eu
Pesquisa do Potencial de Recuperação 28
Pesquisa sobre o Consumo de Álcool na Família 62-3
Pessoas seguras e solidárias 87-8, 97, 99, 107, 117, 129, 135, 139, 149, 158, 163, 165, 175
Poder Superior 54, 167, 168, 172-4, 182, 189, 195, 201, 203
Posição de vítima 129
Prática espiritual 204-5
Problemas de recuperação Ver Questões centrais
Projeção. Ver Transferência
Protegendo nossos pais 158-9, 162,
Psicoterapia 11, 13, 37-40, 43, 73, 152, 160, 207

Q

Questões centrais 111, 115, 117-27, 141, 152, 168, 180-1, 190

R

Raiva 13, 45-6, 64, 82-3, 87-8, 92, 98, 112, 115, 119-20, 123, 131, 135, 140, 145, 154-64, 173
Regras negativas 89-90
Regressão de idade 98-100
Relacionamento íntimo 124, 126, 130
Ressentimento 45, 87, 140, 154-5, 173
Revivendo o trauma 103
Rigidez 27, 62, 74, 77, 80
Rose, A. 138

S

Satisfação 40, 61, 93, 107, 131, 138, 144, 155, 169
Schaef, A. 17, 67, 69
Schatzman, M. 79
Sentimentos 68-70, 75-8, 80-4, 86-90, 92, 94, 97-8, 104-6, 112-, 114-5, 117, 119, 112-27, 129-42, 148-9, 151-60, 173, 177
-diagramas de 95, 131, 134, 137, 167-8
Ser Real 46, 95, 117, 126, 162, 165-6, 168, 180
Serenidade 14-5, 81, 86, 137, 187, 189, 192, 200-5
Simos, B. G. 139, 143-4, 147-8, 153

Subby, R. 17, 68

T
Terapia de grupo 72, 76-8, 86, 88, 97-8, 105, 121, 124, 130, 141-2, 152, 156, 159, 169, 195, 207-8
Transferência 115, 142, 152, 208
Transformação 111, 164-81, 184, 203
Transtorno de estresse pós--traumático 10, 21, 62, 79, 86, 101-6
Traumas, quadro de 82-3
Tudo ou nada 12, 117-20, 152, 166, 168, 172, 179, 181

U
Um curso em milagres 172, 202

V
Vaillant, G. 108
Vaughan, F. 40, 193
Vergonha 69, 73, 78-9, 80-84, 89, 115, 119, 122, 126, 131, 140, 146, 157
-baseado na 85-6, 91-7, 113, 118
-diagrama do ciclo da 95,
-máscaras/restrição 87-9, 97-9
Vícios 21, 118, 148, 158
Viscott, D. 130

W
Wegscheider-Cruse, S. 40, 68
Whitfield, C. L. 9-15, 40, 67-8, 105, 107, 111-2, 119, 121, 165, 195, 209
Wilber, K. 40, 202
Winnicott, D. 27, 39, 43